Paula Steingäßer

Und was ist mit unserer Zukunft?

Aufwachsen mit der Klimakrise

S. FISCHER

Um die Persönlichkeitsrechte der in diesem Buch vorkommenden
Personen zu wahren, wurden einige Namen geändert.

Erschienen bei S. FISCHER

© 2024 S. Fischer Verlag GmbH,
Hedderichstr. 114, 60596 Frankfurt am Main
Die Nutzung unserer Werke für Text- und Data-Mining
im Sinne von § 44b UrhG behalten wir uns explizit vor.
Sonderschrift: Lineal by Frank Adebiaye, with the contribution of
Anton Moglia, Ariel Martín Pérez. Distributed by velvetyne.fr
Satz: Dörlemann Satz, Lemförde
Druck und Bindung: GGP Media GmbH, Pößneck
ISBN 978-3-10-397640-3

Für Spöng.
Du hast mich sanft und stark gemacht.

Der folgende Text beinhaltet Schilderungen von psychischen Problemen und Erkrankungen wie Magersucht, Depressionen, Angstzuständen und selbstverletzendem Verhalten. Falls das Lesen der entsprechenden Stellen in dir schwierige Gefühle oder Erinnerungen auslöst, kannst du jederzeit das Buch zur Seite legen und einen nahen Menschen anrufen, spazieren gehen oder etwas anderes machen, was dir guttut. Du kannst dich außerdem immer bei der Telefonseelsorge unter 08 00 1 11 01 11 melden oder zur nächstgelegenen Psychiatrie gehen, falls du unter suizidalen Gedanken, Selbstverletzungen oder anderen psychischen Symptomen leidest. Auch in weniger akuten Situationen gilt: Du darfst dir jederzeit professionelle Hilfe holen, therapeutischen Rat aufsuchen und andere Hilfsangebote beanspruchen. Ich schicke dir viel Kraft!

Inhalt

Die Klimakrise ist ein Eisberg, sagten sie.
Verhungernde Eisbären klettern über einen schmelzenden
    Untergrund,
und wir sehen nur ein Zehntel des Ausmaßes –
der Rest verliert sich im dunklen Wasser.
Die Klimakrise ist wie eine Geschichte, deren Ende wir nicht
    kennen.
Wir suchen noch nach einem Anfang,
während die Eskalationsspirale uns bereits die Worte raubt –
dabei sind wir doch eigentlich die, die rauben.
Was wollt ihr mit euren Eisbildern, mit euren Eisüberschriften?,
    fragen andere.
Die Klimakrise ist überall, sie fällt in unsere Leben und unsere
    Geschichten ein
und breitet sich in unseren Sommern und Wintern aus,
durch die Hitze, die Stürme und die Sprachlosigkeit.
Wenn ich erzählen will, wenn ich gegen die wortlose Angst
    anschreibe,
schmecken meine Sätze nach dem Eis,
das klarer und türkiser wird, je älter es ist.
Meine Träume riechen nach Robbenfell und Sommergewittern
    im April,

und ich kann meine Geschichte nur beginnen, wenn ich dort
   stehe,
zwischen den Eisbergen und Eisbären.
Die Klimakrise hat tausendundeins Gesichter,
also warum nicht dort anfangen, wo ich aufgewacht bin,
damals mit dreizehn Jahren, in einem kleinen Boot auf einem
   arktischen Meer?
Ich weiß nicht, ob meine wachsenden Brüste oder die schmelzenden Gletscher meine Kindheit beendeten
oder ob ich ein Zuviel oder Zuwenig an Zukunft habe und
   deshalb nie beginne.
Aber ich weiß, dass ich meine Geschichte erzählen will,
weil wir alle jene Gesichter kennenlernen müssen,
um uns dieser schwindenden Welt nicht zu entfremden.
Vielleicht fange ich im Sprechen an, ohne zu wissen, wie alles
   endet,
und im Zuhören auf das, was ihr antwortet und zurückerzählt.
Vielleicht schreibe ich mein Fragen auf, mein Träumen und
   Zweifeln,
ohne die Antworten je gefunden zu haben,
um einen kleinen Raum zu öffnen, in der Leere, die uns die
   Worte raubt.
Um zu erzählen und erzählen zu lassen, damit wir uns den
   tausendundeins Gesichtern annähern,
und vielleicht – vielleicht? – tausendundzwei neue Wege finden.
Denn die Krise, in der wir leben,
ist nicht nur eine einzige Geschichte
und die Zukunft, die wir suchen,
nicht nur eine Entscheidung entfernt,

sondern tausendunddrei.

Und vielleicht ist das die einzige Zahl, die wirklich zählt
oder die wir zählen sollten.

Denn ab dem Tag, an dem meine Geschichten endeten
und die Stunden ihren Sinn verloren
und die Fragen ihre Ursprünge fraßen,
bis keine Worte mehr in mir waren,
lösten Welt und Ich sich gleichermaßen langsam auf.
Und zurückgefunden habe ich sie nur
im Zuhören
und Erzählen.

Kalaallit Nunaat

Es sind zu viele Menschen auf zu engem Raum in diesem Flugzeug. Die beiden Sitzreihen sind zu schmal, der Gang dazwischen auch, die Luft scheint knapp zu werden. Das ganze Flugzeug ist zu klein, eine winzige Propellerma-schine, die sich von Island aus auf den Weg nach Kulusuk, Ostgrönland, macht. Wie sollen ihre kurzen Flügel diese ganzen Menschen in der Luft halten? Es sind hauptsäch-lich Männer in Outdoorkleidung, die ihre klobigen Ski-stiefel anhaben, um die Gewichtsgrenze ihrer Expeditions-taschen nicht zu überschreiten. Die vordersten Sitze hat ein Filmteam eingenommen, es ist noch bepackter als die rest-lichen Insass*innen. Ein bärtiger Mann aus Mexiko, mit dem sich meine Eltern schon am Flughafen in Reykjavik unterhalten haben, sitzt auf dem Platz am Notausgang und ganz vorne, am Eingang der Maschine, ein gewisser Mar-kus Lanz mit seinem Sohn. Das hat meine Mutter gleich bemerkt, aber ich habe keine Ahnung, wer das ist. Ich be-obachte die Gesichter der Menschen um mich herum; jede kleinste Regung in ihrer Mimik lässt mein Herz schneller schlagen. Mein Selbsthilfebuch sagt, ich soll der Flugangst nicht glauben, aber je höher wir steigen, desto stärker wackelt die Maschine. Ist es wirklich so unwahrscheinlich, mit dreizehn Jahren über dem Nordpolarmeer bei einem Flugzeugabsturz zu sterben? Die Motoren dröhnen ungleichmäßig und stotternd. Verlieren wir nicht schon wieder an Höhe? Ich schnalle mich nicht ab, solange wir noch in der Luft sind. Die ganzen drei Flugstunden lang trinke und spreche ich nicht. Bloß nichts riskieren, was das Gleichgewicht dieses Fluges irgendwie stören könnte. Vor allem wenn meine drei kleinen Geschwister neben mir den Ernst der Lage nicht begreifen und munter weiter über die Sitze klettern. Ich versuche mich mit meinem Blick am Horizont festzuklammern, doch die Welt draußen ist durch die runden kleinen Fenster verzogen. Der Himmel geht fast nahtlos in ein blaues Meer über. Blau in Blau, nur von Wolken durchbrochen.

Neben mir sitzen meine Eltern. Meine Mutter ist Ethnologin und mein Vater Fotograf, zwei Journalist*innen auf der Jagd nach den Spuren der Klimakrise, auf der Suche nach Geschichten über sie. Zu Hause wird alles nur in Zahlen erklärt, doch Menschen können keine Zahlen fühlen, sagen meine Eltern. Die Klimakrise betrifft uns alle, aber niemand unternimmt etwas, wenn wir nur von Zahlen sprechen. Sie sagen auch, dass die Erde krank ist, vergiftet von dem, was wir ausstoßen, ausleben und ausatmen. Ich sehe, wie sich im Himmel unter mir Abfall ansammelt und aus den Wolken Rotzfahnen tropfen, wie bei einer Grippe. Also versuche ich, weniger zu atmen, aber das macht die Angst nicht besser, nur noch schwindeliger. Der Horizont verschwimmt so sehr, dass ich ihn nicht mehr festhalten kann. Als ich mich irgendwann der Gefahr des unausweichlich erscheinenden Falles ergeben will, kommt das Eis. Wie ausgelaufene Milch malt es Muster auf das dunkle Meer, erst noch wässrig, Salzwasser am Gefrierpunkt, dann klarer, fester, flächiger. Schollen treiben auf dem Wasser, einzelne kleine, und große, die wie Bienenwaben aneinanderkleben. Das Flugzeug sinkt langsam, und ich möchte näher an das Eis gelangen. Ich möchte die Risse und die verschiedenen Weißtöne von nahem sehen und mit den Fingern über die Kälte streichen. Je weiter wir nordwärts fliegen, desto enger rücken die Eisschollen zusammen, bis sie schließlich miteinander verschmelzen und eine weiße Decke auf dem rauen Meer bilden, die nur von einzelnen dunklen Wasserlinien durchzogen wird. Ich weiß nicht, ob es an der beruhigenden Kraft der kristallisierten Kälte liegt, aber meine Angst hat sich in diesen Mustern verloren. Irgendetwas in ihnen fühlt sich vertraut an, so als würde ein Teil von mir nach sehr langer Zeit zurückkehren, obwohl ich diese Insel noch nie betreten habe. Die Küste kommt in Sicht: eine lange Bergkette, die braungrau zerfurcht aus dem Wasser wächst. Uralte Präsenz, die seit Jahrtausenden über dem Meer thront. Etwas in der Taubheit meines Körpers, die mich seit ein paar Monaten begleitet, beginnt zu schwingen.

Wir kommen der Küste immer näher und fliegen schließlich durch Bergtäler, die so eng sind, dass die kleine Maschine mit ihren Flügeln fast an den Stein kratzt. Wir sind kaum aus den Kurven heraus, da landen wir schon. Die Piste ist nicht mehr als eine Spur aus dreckigem Schnee zwischen den Felsen. Als die Türen aufgehen, spüre ich einen eisigen Luftzug. Der Pilot gibt über die Lautsprecher durch, dass wir schnell über die Landebahn aus Schnee laufen sollen, weil da gestern noch Eisbären waren, eine Mutter mit zwei Jungen, also nicht zu langsam, bitte, danke. Ich nehme eine Schwester an der Hand. Wir steigen aus dem Flugzeug, es ist scheißkalt. Ich beeile mich, wirklich. Nach kurzer Zeit betreten wir den Flughafen, eine kleine Hütte am Fuß der Berge. Ein alter Mann mit dunklen Augen und hellen Falten steht am Eingang und verkauft schwarze Eisbärenkrallen. Wie schon so oft stürzt die Fremde auf mich ein. Die neuen Gerüche und ungewohnten Eindrücke legen sich um mich herum wie eine große Jacke. Ich habe sie schon als Kind getragen, an anderen Orten und aus anderen Stoffen gemacht. Aber sie passt nicht mehr, seitdem mein Körper seine ganzen neuen Rundungen bildet. Mein Körper ist mir inzwischen viel fremder als diese Eiswüste, in der wir gelandet sind. Alles fühlt sich bedrohlicher an als sonst, weil ich mir selbst so körperfremd geworden bin und ohnehin schon nicht mehr weiß, wer, woher oder wohin. Trotzdem ist auch etwas in mir angekommen. Je kälter die Luft wird auf dieser Eispiste, desto wärmer fühlt sich mein Körper an. Die Taubheit wird in der Kälte schwächer und mein Blick weicher. Alle Blicke sind hier weicher, und ich erwidere manche, zaghaft.

Wir packen unsere großen Taschen in einen Anhänger, der an einem Motorschlitten befestigt ist. Das dauert lange, denn es sind viele Taschen. Es sind ja auch viele Kinder, vier Stück, zu den zwei Eltern und viel Gepäck: Jacken, Essen, Windeln, Kameras, ein Snowboard. Wir laufen hinterher, als unsere Taschen zum Hafen gebracht werden, der nicht mehr als ein großer Stein an der Wasserkante ist. Meine Eltern laden alles in ein kleines Boot. Ich passe auf, dass keine Geschwister ins Wasser fallen und der Stoffeisbär auch wirklich dabei ist und nicht noch im Flugzeug liegt oder bei der Eisbärin und ihren zwei Kindern. Das Boot ist orange, mit Plastikglas an den Seiten. Schließlich sind alle Taschen eingeladen, und wir steigen ebenfalls ein, legen ab und fahren los.

Dann wache ich auf.

Ich wache auf, anders kann ich es nicht beschreiben. Ich wache auf, in meinem Körper und in dieser Welt. Plötzlich bin ich nicht mehr außerhalb von allem, sondern innerhalb. Ich kann kaum glauben, wie klar die Luft ist und wie kaltblau das Wasser. Zwischen uns schwimmt das Meereis, dicke flache Schollen, mit Schnee bedeckt, und Eisberge, riesig wie Kathedralen, türkis strahlend. Ich rieche das Benzin des Motorbootes, aber auch noch etwas anderes: Ich rieche blaue Himmel, ich rieche tausend Jahre Eis, ich rieche Möwenlieder. Ich erkenne, ohne zu kennen. Ich wache auf, so fühlt es sich an, aber vielleicht strömt einfach nur das Gefühl in meine Gliedmaßen zurück. Meine Lunge brennt von der eisigen Luft, das Blut pumpt in meinem Gesicht und in meinem ganzen Körper, der versucht, sich gegen die Kälte zu wehren. Meine Hände und Füße, eingepackt in dicken Lagen, beginnen zu kribbeln. Mein ganzer Körper wird von den Wellen hin und her geschaukelt.

Irgendwann kommen wir im Hafen von Tasiilaq an, der

Hauptstadt Ostgrönlands. 2000 Menschen leben hier in bunten Holzhäusern, die sich wie rote, blaue und gelbe Tupfen in die schneebedeckten Berghänge am Fjord schmiegen. Wir werden von Robert Peroni abgeholt, ein ehemaliger Extremsportler und Bergsteiger, der schon lange in Grönland lebt. Er hat das Rote Haus gegründet, in dem wir schlafen werden. Im *Utiili Aapalartoq*, wie das Rote Haus auf Ostgrönländisch heißt, kommen Journalist*innen wie Wandrer*innen unter; hier starten Skitouren und Dokumentationen, Expeditionen und Schlittenhundefahrten. Vor allem aber, sagt Robert mit seiner warmen Stimme, können hier Menschen aus aller Welt die Inuit und ihre Kultur kennenlernen. In Roberts hellen Augen spiegelt sich sein Lachen wider, tiefe Falten ziehen sich über sein Gesicht. Während wir unsere Taschen in seinen Jeep laden, erzählt er uns von dem Land, das er vor Jahrzehnten als seine Heimat erwählt hat, und von den Menschen, die ihn aufgenommen haben. Die Straßen, über die wir fahren, sind holprig und uneben. Es gibt kaum Autos in Tasiilaq und nur ein einziges Taxi. Der Weg endet hinter dem letzten grünen Haus auf der Hügelkuppe – vielleicht, weil es dort keine kleinen bunten Heimaten mehr gibt, die verbunden werden müssen, sondern nur noch eine große weiße Weite.

Ich sitze auf der engen Rückbank des Jeeps und beobachte, wie Tasiilaq am Fenster vorbeizieht. Ich weiß nicht, ob ich einfach übermüdet bin von der Ankunft dieses Landes in meinem Leben oder besonders wach von der plötzlichen Rückkehr meines Körpers. Vielleicht ist es auch etwas ganz anderes, aber die Wirklichkeit fühlt sich ungewohnt an, als hätte sich ein Schleier von mir gelöst, als hätte ich die Welt bis jetzt immer nur aus der Entfernung sehen können. Jetzt ist sie ganz nah. Wäsche und Eisbärenfelle hängen an Leinen zwischen den Häusern. An den Holzwänden blättert die Farbe ab, die Fenster sind vergraut, Kanister, Gummistiefel und Bierflaschen liegen in den Straßen. Die Wäsche strahlt gleißend hell in der kalten Sonne, und ich frage mich, wie sie trocknen soll, wenn mein Atem selbst im Auto in der Luft gefriert. Bin ich müde oder wach von dieser Kälte?

Es ist so kalt, dass meine Wangen brennen. Am Wegrand spielen Kinder im Schnee. Ihre Rotznasen glänzen bis zu mir herüber, aber sie tragen weder Handschuhe noch Mützen, nur dicke Schuhe und dünne Winterjacken. Mein Blick bleibt an den Hunden hängen, die vor jedem Haus in dicken Ketten liegen. Sie blicken mir aus mit Fellbüscheln ausgekleideten Schlafkuhlen entgegen, in denen der Schnee vor lauter Schmutz ganz dunkel gefärbt ist. Sie sind rotbraun und schwarz, weiß gefleckt und grau meliert. Dünn sind sie alle, auch wenn ihr dichtes Fell das gut zu verbergen vermag. Ein etwa dreijähriger Junge schleppt einen Welpen durch den Straßengraben, dessen Fiepen auch durch die Autoscheiben zu hören ist. Eine angekettete Hündin, vermutlich seine Mutter, wird von einem Kind gestreichelt und von einem anderen mit Schnee beworfen. Als wir aussteigen, rennen zwei Junghunde auf uns zu. Sie springen an mir und meinen Geschwistern hoch, lecken unsere Gesichter und beißen Löcher in unsere Daunenjacken. Ihr Fell riecht nach Fisch und Schafswolle. Unwillkürlich muss ich lächeln. Die Hunde haben ein Bissmuster auf meinen rotkalten Händen hinterlassen, das sagt: Ich bin in Grönland.

Ich bin in Grönland, und die Hunde bleiben meine Gefährten, während ich mich vor den Menschen wie zu Hause am liebsten verstecken würde, um zu verbergen, wie schwammig mein Körper und mein Selbst werden. Ein paar Tage später ziehen mich die Hunde an starken Seilen, die an einem Holzschlitten befestigt sind, durch den tiefen Schnee. Unten am Hafen werden sie von Tobias angeschirrt, der große Hände und als Jäger keine Zukunft mehr hat. Die Hunde jaulen aufgeregt und springen zwischen den alten Booten, die bis zum Sommer zur Hälfte im Meereis versunken sind, in die Luft, bis die Ketten sie zurückreißen. Tobias entknotet die roten Leinen und spannt die Hunde vor den Schlitten, jeden an seinen Platz. Die harte Sitzfläche des Holzschlittens ist für uns mit Eisbärenfellen ausgepolstert worden. Meine Eltern haben mir erzählt, dass Tobias als Kind mit seiner Familie nomadisch gelebt hat und den Tieren nachgezogen ist. Heute lebt er vom Tourismus und von der Robbenjagd. Englisch hat er sich selbst mit Filmen beigebracht. Der Leithund, erklärt er mir, ist nicht der schnellste, sondern der intelligenteste. Als Tobias einen kurzen, lauten Ruf von sich gibt, rennen die Hunde los. Wir machen uns auf den Weg nach Tiniteqilaaq, einem kleinen Dorf, das ein paar Hundeschlittenstunden entfernt liegt.

Mit dreizehn Jahren weiß man noch nicht viel über die

Welt und das Leben. Und doch bin ich mir sicher, dass es pure Freiheit ist, sich von einem Rudel grönländischer Schlittenhunde über ein zugefrorenes Meer ziehen zu lassen. Es ist eine Freiheit, die ich vorher nicht kannte, und von der ich nicht wusste, wie sehr ich sie brauche. Die Hunde sind schnell, sie rennen mit Lebensfreude, von Angst und Instinkt geleitet, so schnell, dass wir die Drehung der Erde einzuholen scheinen und die Welt für einen Moment stillsteht. Die Hunde rennen so schnell über den harten Schnee und über den Eisfjord, dass der Wind alles aus mir herauspresst, was nicht genau in diesen Moment gehört. Die Hunde rennen so schnell, dass sich Freiheit nur noch anfühlt wie ein weißer Horizont, der sich in einen hellen Himmel und Kälte auflöst; so schnell, dass ich fliege und alles zurücklasse, was der Kälte nicht standhalten kann: Menschensorgen, Dickheitsängste, Schulaufgaben, Zukunftsenden. Wir fliegen in einen weißen Himmel, der sich langsam dunkel färbt, als wir am Horizont die Lichter von Tiniteqilaaq erkennen. Die Hunde werden abgeschirrt und an Haken angeleint, die im Hafeneis befestigt sind. Als Tobias ihnen ihr Robbenfleisch gibt, färbt sich alles rot: der Schnee, ihre Münder, ihre Pfoten, der Himmel. Wir ziehen in eine kleine Hütte am Fjord. In der Diele liegen Robbenfelle und Gewehre in einer Plastikwanne.

Am nächsten Morgen stapfe ich in Thermounterwäsche, Schneehose und Daunenjacke, mit Daunenfäustlingen und einer dicken Mütze in den Schnee. Vor unserer Hütte wartet eine schwarze Hündin auf mich. Sie bleibt bei mir, in den nächsten Tagen und Wochen, auch wenn ich nicht weiß, warum. Ich folge ihr durch das Dorf und zwischen die Häuser. Es sind noch viel weniger als in Tasiilaq, und noch viel mehr als dort sind verbrannt. Schwarze Dachbalken ragen in den weißen Himmel. Wir laufen vorbei am Pilersuisoq, dem Supermarkt, in dem man Nudeln, Munition und Barbies kaufen kann; vorbei an den weißen Holzkreuzen auf dem Hügel hinter der Schule, zu deren Füßen bunte Blumen aus Plastik im weißen Schnee liegen; vorbei an den Motorschlitten und unzähligen weiteren Hunden, die mit Metallketten festgebunden sind. Wie in Tasiilaq fällt es mir schwer, an ihnen vorbeizugehen. Die meisten können kaum mehr aufstehen, weil ihre Ketten zu kurz und zu stark verknotet sind. Ihr Leben findet in einem Radius von einem Meter statt. Die schwarze Hündin läuft einfach an ihnen vorbei.

Ich höre Fußgetrappel. Lachende Kinder ziehen mich von hinten an meinen Armen auf kleine Holzschlitten, zu Schneehäusern und Kinderspielen. Ein paar werfen harte Schneebälle nach der schwarzen Hündin. Ich kenne kein Wort für Wut auf Grönländisch und kann nichts tun, um sie zu stoppen. Andere Kinder tragen die Kleinsten auf ihren Armen, noch jünger als meine kleine Schwester, die noch Windeln trägt und ihren Schnuller braucht. Genauso wie ich scheinen alle viele Geschwister zu haben. Wir ziehen durch die Stille Tiniteqilaaqs, auf Schlitten und Schultern, spielen Klatschspiele, *Enemenedupedene*, und lachen. Das Lachen können wir alle verstehen. Meine Geschwister und ich werden von den Kindern Tinteqilaaqs aufgenommen, als würde uns nichts trennen, obwohl wir uns so anders als sie durch diese Eiswelt bewegen. Sie zeigen uns, wo sich die neugeborenen Welpen gerade verstecken, nehmen uns mit auf ihren riesigen Schlitten, auf denen wir zu zehnt die engen Schneegassen herunterrasen, und bringen uns Wörter bei, die wir sofort wieder vergessen. Orpa, Angiuk und Oderika essen fast jeden Mittag bei uns zu Hause, zwei Portionen, aber ohne Gemüse. Die anderen trauen sich nicht in das kleine Wohnzimmer. Stattdessen naschen sie Chips und saure Gummibärchen auf der Schneewehe vor dem Wasserturm. Sie scheinen tagsüber kein Zuhause zu haben. Den ganzen Tag lang erfüllen ihr Gelächter und ihr Geschrei die eisige Luft, während meine Geschwister und ich uns alle zwei Stunden im Haus aufwärmen müssen, obwohl wir zwei Jacken und Handschuhe mehr anhaben. Nur in der Dunkelheit ist der Ort kinderleer und still.

Ich möchte oft stundenlang am Fjord sitzen und das Eis beobachten, aber ein paar Tage nach unserer Ankunft zieht Angiuk mich an der Hand zu einem anderen Holzhaus, an dem die grüne Farbe abblättert. Die Fenster des Hauses sind zerbrochen. Große Schneewehen häufen sich vor der Tür. In unseren dicken Anoraks treten wir näher, wie zwei Kinder in einem Astrid-Lindgren-Buch. Wir drücken uns an die Fensterscheibe und legen die Hände um die Augen, um besser sehen zu können. Es dämmert schon langsam, und nur der Schnee leuchtet matt. Drinnen wird nicht wie in Lönneberga gesungen, es wird auch nicht um einen Weihnachtsbaum getanzt, während der Lebkuchenduft durch den Schornstein strömt. Stattdessen ist es dunkel. Auf einem Tisch in der Mitte des Raumes steht noch Geschirr, ungespült, Kinderspielzeug liegt auf dem Boden, ungenutzt. Neben der Spüle befinden sich verdorbene Lebensmittelreste. Vor den Fenstern hängt eine dreckige Gardine. Die verblichene Spitze weht leicht im Wind, der durch die zerbrochenen Scheiben pfeift. Die Wohnzimmerwand ist voller Blut, ein rostrotes Muster auf der alten Tapete.

Das Einschlafen fällt mir immer schwerer. Ich höre die Hunde jaulen und meine Eltern leise reden. Die Lehrerin hat ihnen erzählt, dass sie morgens in der Schule riechen könne, wer in der Nacht zuvor missbraucht worden ist, aber was solle man tun, hier, in dieser Eiswüste, in diesen Nachbarschaftsgefügen. Ich verstehe das nicht ganz. Es gibt doch nur so wenige Erwachsene hier, das Dorf gehört tagsüber den Kindern, oder nicht? Vielleicht liegt es an den Carlsbergen, den vielen grünen Bierdosen, die sich neben der Mülldeponie stapeln. In Tasiilaq ist es besser, da gibt es die befestigte Straße, auf der abends ein kleiner Bus fährt und die Kinder einsammelt, damit nichts passiert. Trotzdem glaube ich in den Gesichtern der Kinder zu erkennen, dass doch etwas passiert. Ich sehe es in den Tritten nach den verhungernden Hunden, in den verlassenen Häusern, von denen es viel zu viele gibt, und in den Rissen auf dem Meereis, die jedes Jahr breiter und breiter werden. Ich bin dreizehn und weiß nicht viel von der Welt, aber in Grönland werden das Meereis und das Inlandeis dünner, genau wie die Hunde und die Jacken der Kinder. Meine Eltern reden viel darüber. Sie reden miteinander und mit den Menschen hier vor Ort, manchmal sogar mit Übersetzer*innen, während ich auf meine Geschwister aufpasse und ihnen Buchstabennudeln koche. Das Eis wird dünner, und Tobias kann nicht mehr mit dem Hundeschlitten aufs Eis, keiner kann das, weil es zu oft bricht. Der Schnee vor den Hunden bleibt deshalb weiß, und die Kinder essen saure Gummibärchen zu Mittag, um den Hunger einer kollabierenden Kultur zu schmälern. Es gibt kaum Geld, auf jeden Fall nicht genug für das Benzin für die Motorboote und die Motorschlitten und nicht genug für die kaputten Fenster und die abgesplitterte Hausfarbe, gerade genug für den Alkohol, und von dem gerade genug, um die Hoffnungslosigkeit einer verlorenen Vergangenheit und einer tauenden Zukunft zu ertränken. Ich glaube, dass Menschen nicht mehr wissen, wer sie sind, wenn die Zukunft taut. Deswegen gehen manche von ihnen nachts raus zu den Müllbergen, auf denen die wilden Hunde nach Essen suchen, und werfen ihre alten *Kamiks*, ihre handgemachten Stiefel aus Robbenfell und Erinnerungen, auf die Carlsberge, weil auch das Eis nicht mehr sagen kann, wo sie herkommen oder wo sie hinziehen sollen. Wenn das Eis schmilzt, werden in Grönland nicht nur die Wege in die Zukunft enger. Auch die Wege der Menschen verschwinden, die Trampelpfade im Schnee zwischen den Häusern, die Verbindungslinien zwischen den Dörfern, Hunderte Kilometer über zerspringende Gletscher, die Routen über das Meer, wo die Robben schlafen, die Straßen zu den Schulen und Hundeketten. Für mich ist ein Rückflug gebucht, mit Datum und Name, ein ganzes Leben voller Privilegien wartet auf mich, aber ich spüre, wie auch meine Wege sich auflösen und wie ich selbst vom Aussichtshügel hinter dem Friedhof die Weglosigkeit nicht verkleinern kann. Ich sitze neben der schwarzen Hündin, das Dorf im Rücken, und die Aussicht auf die Berge und den Fjord vor mir so klar, dass es blendet. In diesem Moment weiß ich, dass auch ich hierbleiben werde, dass ich nirgendwo mehr hinzugehen habe, weil das Eis bereits zu schmelzen beginnt.

Kalaallit Nunaat, so heißt Grönland eigentlich. »Land der Menschen«. Ich habe das nicht verstanden, als ich in der kleinen Propellermaschine saß und über Berge und Täler, über Eis und Schnee geflogen bin und die Einsamkeit bis zum Horizont gereicht hat. Ich habe es auch nicht verstanden, als ich mich in einem kleinen Motorboot festgeklammert habe und durch die Eisbrocken über hohe Wellen geflogen bin. In diesem Moment hat das Land so präsent und mächtig gewirkt, dass es keinen Platz mehr für Menschen gegeben hat. Ich habe es immer noch nicht verstanden, als wir auf Wanderungen gegangen sind. Von dem Berg neben dem Dorf aus waren nur noch mehr Berge, Täler und Weite zu sehen. Ich verstehe es bis heute nicht, wenn ich auf eine Landkarte schaue und auf diese riesige weiße Insel und die wenigen Punkte blicke, die die kleinen Dörfer markieren, in denen noch weniger Menschen leben. Ich habe nicht verstanden, wie das hier das Land der Menschen sein soll, wenn es doch so offensichtlich das Land des Eises ist, das Land der Robben und der Hunde, das Land der Leere.

Vielleicht habe ich angefangen, es zu verstehen, als Orpa mich in ihrer viel zu dünnen Jacke zu einem verletzten

Welpen führte und mich mit einem besorgten Gesichtsausdruck ansah, vermutlich selbst hungrig und verletzt. Vielleicht habe ich es verstanden, als ich nach der Jagd zwischen Angiuk und den anderen Kindern stand, alle still, achtsam, ruhend, während die Frauen des Dorfes die Robben ausnahmen, unten an der Eiskante, im Licht eines Sonnenuntergangs, der zu schön für diese Welt schien. Die Inuit nannten das Land *Kalaallit Nunaat*, sagt man, weil sie überzeugt waren, die einzigen Menschen auf der Welt zu sein, die sie sich wie eine riesige Eislandschaft vorstellten. Vielleicht weiß ich jetzt, was sie meinen. Wenn ich in dieser Weite aus gefrorenen Eiskristallen stehe, ist es nicht wichtig, ob die Welt hinter dem Horizont noch weitergeht. Denn wenn ich nicht im Hier, im Körper, in der Welt bleibe, erfriere ich. Ich stehe auf einem dunklen zugefrorenen Meer unter den Polarlichtern und verstehe zum ersten Mal, wie klein ich in dieser Welt bin, wie warm und fest, wie dankbar. Ich spüre Orpas kalte Hand in meiner, und ich verstehe nicht, was sie mir zuflüstert, aber ich weiß, was sie sagt. Menschsein ist Verletzlichkeit und Gewalt und Verbundensein. Orpa, Angiuk, meine Schwestern und ich weinen, als wir uns in der Eiswüste verabschieden müssen, in der jede falsche Entscheidung den Tod bedeuten kann.

Ich weiß nicht, wie man sich in dieser Welt verabschiedet. Ich weiß nicht, wie ich mich von einem Körper verabschieden kann, der seine Vertrautheit gänzlich verliert und doch mein einziges Zuhause sein soll. Ich weiß nicht, wie man sich von Freund*innen verabschiedet, die man vielleicht nie mehr wieder sieht und die jetzt mittags keine

Nudeln mit Tomatensauce mehr essen. Und ich weiß auch nicht, wie man sich von einem Land verabschiedet, das sich in Wasser und Wärme und Bodenschätze auflöst. Ich bekomme meine Tage in Grönland nicht. Da ist nur brauner Schleim in dem Eimer, den wir als Klo benutzen. Ich habe Angst, dass ich krank bin, und hoffe gleichzeitig, dass das Eis mir meine Kindheit zurückgegeben hat. Ich hoffe, weil meine Beine und Arme sich wieder dünn und stark anfühlen, weil noch nicht einmal ich durch all die Kleidungsschichten die neuen Rundungen erkennen kann und weil ich das Land wieder zu mir sprechen höre, so wie früher. Ich hoffe so sehr, dass doch noch alles gut wird, aber ich wechsele das Land, und noch im Flugzeug setzt die Blutung ein.

Ich weiß nicht, wie man sich verabschieden soll, wenn man so liebt. Ich weiß nicht, wie ich das Kindsein loslassen soll, wie ich die Sprache des Kindseins aufgeben kann. Wie soll ich ohne diese Sprache mit Orpa und Angiuk und dem Eis reden? Ich weiß nicht, wie ich erwachsen werden soll, wenn die Erwachsenen sich tagsüber in den Häusern verstecken und nachts ihre Kinder holen. Wenn sie sagen, da kann man nichts machen, man kann die Hunde nicht füttern, man kann den Kindern nicht helfen, man kann das Klima nicht retten. Wenn sie so viel wissen, so viel mehr wissen als ich, so viel sehen, alles sehen, und nichts tun, nichts verändern, nichts aufhalten.

Wir schleichen uns nachts zu dem Hund, der nicht mehr aufstehen und seine Augen nicht mehr öffnen kann. Wir bringen ihm gekochte Haferflocken, heimlich, damit niemand aus dem Haus auftaucht, ein Eisbärengewehr in der Hand. Nachbarschaftsgefüge, niemanden geht das Leid der anderen etwas an. Zwei Tage später ist der Hund weg. Die Kette liegt in einem leeren Schlafloch, während der Schuss noch durch die Stille zu hallen scheint.

Ich weiß nicht, was ich tun soll. Ich weiß nicht, wer es tun soll.

Ich bin im Land der Menschen, aber was heißt das? Robert Peroni sagt, dass das Eis zum Kern der Dinge zurückführt. Dass man hier, in dieser Reduktion auf das Wesentliche, das Leben wiederfinden kann. Dass sich hier weniger auf die gesellschaftlichen Rollen einer Person konzentriert wird, sondern mehr auf die Tatsache, dass alle *Inuit* sind, »Menschen«. Menschen, die in ihrer gesamten Geschichte noch keinen einzigen Krieg geführt haben. Menschen, die ihre Hunde an der Kette verhungern lassen. Die nie mehr Robben schießen, als sie brauchen. Die uns in ihren Häusern schlafen lassen. Deren Häuser verfallen, neben den Carlsbergen. Das Land der Menschen. Menschen können alles sein, oder?

Eisberge treiben nur mit einem kleinen Teil ihrer Masse über dem Wasser. Als ich Tobias auf Robbenjagd begleite, fährt er ganz nah an die Eisberge heran. Durch das klare Wasser kann ich bis auf den Grund schauen, metertief, Universen so riesig, dass mir der Atem stockt, noch tiefer, bis mein Atem ganz gleichmäßig wird, so tief, als würde ich fliegen. Die Eisberge sind größer als das Haus, in dem wir in Deutschland wohnen, so groß, dass sie sich ihr eigenes Mikroklima schaffen; so groß, dass ihre Präsenz in mir singt, tief und blau, und mir eine Unendlichkeit zutreibt, die sich für meine kleine Kinderseele viel zu groß anfühlt. Das Eis leuchtet durch das Wasser blau, je näher am Meeresgrund, desto dunkler. Auf der Oberfläche der Eisberge befinden sich zahlreiche Risse, die tiefe Schluchten bilden, und Auswüchse, so groß wie Reisebusse, manche hart und kantig, andere rund und weichgeschliffen. Die Eismassen türmen sich wie zu einer Kathedrale, die sich bis in die Tiefen des Meeres erstreckt. Ich schaue und fühle tiefer hinunter, bis mein Blick sich verliert. Das Wasser in Grönland ist so klar, dass man durch die Welt hindurchschauen kann. Es ist so klar, weil Leben und Tod hier so nah beieinanderliegen.

Ich weiß nicht, wie ich die Gründe finden kann, denn es muss ja Gründe geben. Ich bin erst dreizehn und weiß nichts von der Welt, aber wo sind die Gründe?

Während ich in Grönland war, habe ich in meinem Tagebuch nur von den Hunden erzählt: von der schwarzen Hündin, die meine beste Freundin wird, von den Welpen, die Löcher in meine Hände, meine Daunenjacke und mein Herz beißen, von den wilden Hunden auf der Mülldeponie, vor denen sogar mein Vater Angst hat, von dem weißen Streuner, dessen verfilztes Fell seine Rippen und seine Einsamkeit nicht verbergen kann, und von all den schlafenden oder jaulenden Hunden an den Ketten, die noch nicht einmal mehr auf Futter oder die nächste Schlittenfahrt warten, weil sie aufgegeben haben. Ich wollte verstehen, wie Menschen den Hunden, dem Eis, der Natur, so etwas antun können. Ich habe davon geträumt, Tierärztin zu werden und nach Grönland zurückzukehren, um Hundehütten zu bauen. Aber als ich aus Grönland fortging, hatten sich die Menschen zwischen meine Zeilen geschoben. Orpa, die mit ihrer lachenden Offenheit Gänge in den Schnee schaufelt. Angiuk, die oft schweigt, aber alles versteht. Oderika, die immer eine laufende Nase hat und eine Barbie mit sich herum trägt. Odin, der vor dem Wasserturm steht und mir die Narben auf seiner Haut zeigt. Rasmus, der uns bei den Gletschern essbare Muscheln pflückt. So viele, deren Namen ich nicht kenne, aber deren Augen ich nicht vergessen kann. Wie soll ich ein Mensch bleiben, wenn ich keine Erklärungen finde, keine Klarheit, wenn irgendwann noch nicht einmal mehr das Wasser in den Fjorden klar ist? Wie soll ich ein Mensch bleiben, wenn ich doch weiß, dass wir alles kaputtmachen, nicht nur die Eisberge, die Hundeleben und das Klima, sondern auch Angiuks Nächte, Odins Zukunft, Rasmus' Identität? Durch Kolonialismus-Sexismus-Rassismus-Egoismus, die doch auch in mir weiterleben? Wie soll ich erwachsen werden, wenn ich weiß, dass ich dann vielleicht die Gründe verstehen, aber nichts ändern werde, dass ich dann vielleicht noch lieben, aber nicht mehr helfen werde? Wie soll ich erwachsen werden, wenn die Häuser in Tiniteqilaaq, zwischen denen meine Freunde spielen, weiter zerfallen, wenn es als Nächstes vielleicht Odins Blut ist, das an der Wohnzimmerwand klebt, wenn Tobias immer weniger Robben fängt? Was sagt mir noch, wie sich Menschsein wirklich anfühlt, wenn das Eis nicht mehr da ist, und die Menschen zwischen den Eisbergen auch nicht mehr?

Wenn das Land nicht mehr singen kann? Wer will eigentlich noch leben, wenn sich alles so unecht anfühlt, so taub, so leer, so eislos?

Menschen schieben sich zwischen meine Zeilen, bis ich keine Sätze mehr habe.

Ich weiß nicht, wie man sich verabschieden soll, wenn man so liebt.

Angerlartussiaq

Robert hat mir zum Abschied eine Kette mit einem Eisbären und einen Namen geschenkt: *Angerlartussiaq*. »Angerlartussiaq ist derjenige, der zurückkehrt.« Robert war
es auch, der mir erzählt hat, dass die Inuit lange Zeit kein
Wort für Zukunft hatten, aber viele unterschiedliche für
Schnee. Heute haben sie Wörter für die Zukunft, dänische,
nur die Zukunft fehlt. Kein anderes Land der Welt hat eine
höhere Suizidrate als Grönland.

»Warum willst du wieder zurück?«, fragen mich die
Erwachsenen. »Wie hast du die Dunkelheit und die Kälte
ausgehalten, die sozialen Missstände, die verhungernden
Hunde? Hattest du kein Mitleid mit den Robben, als du
mit Tobias auf der Jagd warst, oder mit den Kindern, die
in Armut leben?« Wie kannst du zurückwollen, wenn dort
alles voller Gewalt und voller Hoffnungslosigkeit ist? Fragen sie.

Aber ist das Leben hier nicht auch zukunftslos? Weil
wir nicht verstanden haben, dass die Welt und alles in ihr
endlich ist? Hängen wir nicht auch die Losigkeit an die
Zukunft, indem wir den Zustand der Welt von unserem
alltäglichen Leben entkoppeln wollen? Ist es nicht genauso

gefährlich, wenn einem egal ist, was mit der Zukunft passiert, auch wenn man das noch nicht so spürt wie Menschen an anderen Enden der Welt? Frage ich mich.

Fehlen uns nicht viel mehr die Worte dafür, was Zukunft bedeutet, wie wir sie gestalten können, welche Rolle sie in unserem Leben spielt? Ist unsere Zukunft nicht noch wegloser, weil wir die Augen vor dem verschließen, was auf uns zukommt, was um uns herum passiert? Wir hätten doch eigentlich die Wahl, wir könnten über die Zukunft sprechen, sie gestalten, mit ihr leben. Warum tun wir es nicht?

Angerlartussiaq. Aber wie, Robert, wie? Wie soll ich zurückkehren, wenn es das Land nicht mehr gibt, das ich verlassen habe? Nennen sie es noch Land der Menschen, wenn es eislos ist?

Als wir wieder zu Hause in Deutschland sind, versuchen meine Eltern, uns die Zukunft zurückzuholen. »Wir schauen uns jetzt an, was wir in unserem Alltag verändern können, wie wir unsere Selbstwirksamkeit wiederfinden.«

Ich beginne, mich vegan zu ernähren. Auf dem Luisenplatz in Darmstadt zeigt eine Tierschutzorganisation Videos von geschredderten Küken, eingepferchten Schweinen und mageren Kälbchen. Ich komme daran vorbei, als ich mit Freundinnen aus dem Kino nach Hause radele. In einem Kilo Rindfleisch stecken mehr als 15 000 Liter Wasser, in einem Liter Milch 1000 Liter. Robert hat erzählt, dass die grönländischen Jäger durch die Auswirkungen der Greenpeace-Kampagnen gegen das Robbenschlachten in

Kanada kein Geld mehr für Felle bekommen und vor allem keine Achtung mehr genießen. Drei Stunden bin ich mit Tobias auf der Jagd gewesen, er hat zwei Robben erlegt. Greenpeace hat Fotos von weißen Robbenbabys mit großen Augen für die Kampagnen genutzt, sagt Robert. Auf der Jagd saß ich neben Tobias, der mit einer Hand sein Gewehr hielt und mit der anderen das Boot steuerte. Ich blickte in die dunklen, toten Augen der Robbe, die direkt neben mir in dem kleinen Boot lag. Während meine Füße immer kälter und die Robbe immer schlaffer wurde, musste ich plötzlich an andere Augen denken, Augen, in denen zwar noch Leben steckte, die aber gleichzeitig auch so viel Angst und Schmerz enthielten, dass sie noch leerer wirkten als die Augen der toten Robbe vor mir. Die Schweine in dem Transporter hatten damals vor Angst gequiekt und versucht, ihre Köpfe durch die engen Gitter zu stecken, während sie stundenlang ihrem Tod entgegenfuhren. Die Robbe neben mir wurde nach einem Leben in Freiheit mit einem einzigen Schuss getötet. Welche Bilder bleiben hängen?

Ich esse jetzt morgens Hafermilch in meinem Müsli. Fängt Tobias noch Robben, oder bleiben die Hunde heute hungrig? »Das ist sehr stark von dir. Du hast aus dem Schmerz, den die Bilder der Tiere in dir auslösen, eine selbstwirksame Erfahrung gemacht und dein Verhalten so weit geändert, wie es dir möglich war«, werde ich von Erwachsenen für meine Ernährungsumstellung gelobt. Aber es ist nicht nur Tobias, der keine Robben mehr fängt, nicht nur Tiniteqilaaq, in dem die Kinder in der Zukunftslosigkeit spielen. Grönland ist eine riesige Insel, und dahinter kommt das Meereis, kommen noch mehr Inseln, Kontinente, Hitze, Dörfer, Menschen, Kinder. So viel Schmerz. Was hilft da ein Wechsel der Milchsorte?

Meine Eltern wollen noch weiter nach Geschichten suchen. Wir fahren nach Afrika, Australien, Lappland, Albanien. Überall Zukunftslosigkeit. »Wir dürfen nicht im Weltschmerz versinken. Der macht uns nur handlungsunfähig und lähmt uns.« Wir kaufen ein Lastenrad, um damit zum Einkaufen in den nächsten Ort zu fahren. In Grönland kommt man nur mit Hunde- und Motorschlitten oder mit Boot und Helikopter von einem Ort zum nächsten. Der Helikopter fliegt eigentlich nur Tourist*innen hin und her, und das Boot ist lediglich in den wenigen Sommermonaten nutzbar. Immer mehr Schlitten brechen im Eis ein, das durch die Temperaturschwankungen und die Wärme nicht mehr zuverlässig trägt. Am sichersten ist es mit den Hundeschlitten, sagt Tobias. Die Hunde spüren das Eis unter ihren Pfoten, und wenn man doch einbricht, dann geben sie ihr Leben, um den Schlitten aus dem Eisloch zu ziehen.

»Wenn es dir nicht gut geht, musst du darüber sprechen. Du wirst krank, wenn du deine Sorgen nur für dich behältst und runterschluckst«, warnen die Erwachsenen. Meine Familie gibt Interviews für Dokumentationen, Radiobeiträge und Zeitschriftenartikel. Meine Eltern schreiben ein Buch und halten Vorträge. Aber ich finde keine Worte für das, was in mir vorgeht. Schon die Schönheit der Eisberge war zu groß, um sie zu beschreiben. Wie soll man den Schmerz angesichts ihres Verlustes in Worte fassen?

Ich bin jetzt vierzehn. Und die Welt stirbt. Aber niemand scheint es zu bemerken. Alle verhalten sich normal. Sie fragen: »Wie stellst du dir die Zukunft vor? Was wünschst du dir? Wenn du bestimmen könntest, was würdest du verändern?« Ich frage mich: Gibt es überhaupt noch eine Zukunft?

Das Erste, was ich sah, als ich auf dem Rückweg nach Deutschland in einem riesigen Flugzeug zwischen Hunderten anderen Menschen saß, waren unzählige kahle Felder. Nur Städte und Straßen durchbrachen das endlose Grau der brachliegenden Landschaft. Die Linien der Felder schienen das Land zu zerschneiden und von der Weite des grauen Himmels abzugrenzen. Ich konnte nicht mehr atmen, als ich durch das Flugzeugfenster auf diese ganze Grauheit blickte. Meine Brust wurde eng vor lauter Sehnsucht nach weißen Schneelandschaften, Meereis und Bergen bis zum Horizont. Mein Atem fand in den ganzen Rechtecken der Äcker einfach keinen Weg zum Fließen. Mein Atem brauchte Weite, aber die Welt unter mir bot nur Enge an. Enge Felder, enge Städte, enge Gedanken. Ich wusste nicht mehr, wer ich sein soll, ohne freies Land, das mein Menschsein umfließt. Nur noch von Menschen beengte Landschaft. Nur noch harte Linien, bis ans Ende meines Blickfeldes.

Diese Enge hat sich in mir festgesetzt, auf meiner Brust, in meinem Bauch, in meinem Kopf. Sie umklammert meinen fremden Körper. Jeden Abend, wenn ich im Bett liege, wird das Atmen schwerer. Ich wusste nicht, wie eng ein Körper sein kann. Die Rippen drücken nach innen, die

Brustwirbelsäule erstarrt beim Atmen. Die Luft bleibt stecken, in meinen Knochen, den Venen und dem Fleisch. Sie kommt nicht mehr in der Lunge an. Ich kann nicht mehr zurück nach Grönland, nie wieder. Die ganze Welt wird zurückkehrungslos. Das Atmen tut weh. Es wird lauter, wenn die Eisberge von den Gletschern abbrechen. Mein Körper wird immer enger. Die ganze Welt wird enger. Das Fleisch sammelt sich an den Atemwegen, die Eiswege flimmern vor Hitze. Mein Atem wird flacher. Ein Eisberg liegt auf meiner Brust. Das ganze Eis Grönlands drückt auf meinen Körper, bis ich keine Luft mehr bekomme. Ich versuche zu atmen, aber das Gewicht schnürt meinen Hals zu. Ich schwitze das Eis aus meinem Körper heraus, bis weder in der Welt noch in mir Eis übrig ist. Der Schweiß ist vor lauter Eis ganz kalt. Oder vor lauter Angst? Ich bekomme keine Luft mehr. Ich werde sterben. Die Welt wird sterben. Ich will nicht sterben.

Jeden Abend.

Jeden Morgen gehe ich in die Schule. Deutschklausur, Selbstwirksamkeit, Bioklausur, nicht aufgeben, Chemieklausur, weiteratmen. Jeden Abend.

Wir leben jetzt im Anthropozän, sagen meine Eltern. Dem Erdzeitalter der Menschheit. Es gibt kein Land der Menschen mehr, denn die Menschen sind überall, in jedem letzten Winkel, auf jedem unberührtheitslosen Fleckchen. Es gibt keine Welt mehr jenseits der Einflusssphäre des Menschen. Wir leben in einer Welt der Menschen. »Das ist aber doch auch eine Chance! Wir sind so mächtig, dass wir die Erde entscheidend prägen und verändern können – gerade zwar noch negativ, aber wir haben genauso die Macht, alles zum Positiven zu wenden.« Warum fühle ich mich dann so unfassbar klein, so machtlos, ohnmächtig? Nicht mal einen verhungernden Hund konnte ich in Grönland retten. Sie haben ihn einfach erschossen. Wo soll da Macht sein?

Ich versuche, sie zu finden, und suche im Internet nach Umweltgruppen. Die Greenpeace Jugend Darmstadt trifft sich jeden zweiten Mittwochabend im Monat. »Ihr seid alle herzlich willkommen.« Sorgen und Ängste mit Gleichgesinnten zu teilen und gemeinsam ins Handeln zu kommen ist ein wirksames Instrument gegen Klimaangst, sagt die Psychologie.[1]

Es ist Mittwochnachmittag, der zweite im Monat, und ich liege seit Schulschluss auf meinem Bett. Es ist dunkel draußen. Zieh dich an, die rote Mütze, die dicke Jacke, hoch mit dir! Du willst doch die Welt retten. Was ist mit Grönland, mit dem Eis, mit der Welt dahinter? Es gibt kein Fleckchen echter Wildnis mehr, Tausende Fußballfelder Regenwaldrodung pro Tag, das sechste Massenartensterben, die Klimakrise, die Artenvielfaltskrise, die Biodiversitätskrise, die Ozeankrise, die Umweltkrise, die Menschheitskrise. Der Mensch ist das gefährlichste und das tödlichste Tier dieses Planeten.

---

1 Lea Dohm und Mareike Schulze: *Klimagefühle. Wie wir an der Klimakrise wachsen, statt an ihr zu verzweifeln*, S. 83.

Was für eine Hose zieht man an, wenn man zu einer Umweltgruppe geht? Im Schrank ist keine Hose, keine passende, nur fünf, die zu eng geworden sind. Mein Körper wird nach außen immer breiter und nach innen immer enger. Er breitet sich im Raum aus wie die Menschheit in der Welt. Invasiv. Ich stehe vor dem Spiegel. Ich will mich so gerne auf den Aufbruch konzentrieren, auf die Veränderung, aber mein Kopf ist voll von den Gedanken an schwindendes Eis und die sterbende Welt. Und an die Schuld, die wir Menschen daran tragen. Meine Luftröhre wird nach innen gedrückt, bis das Atmen wieder schwer wird. Ich will aus diesem Körper ausbrechen, denn er ist zu eng zum Atmen. Er sieht zu menschlich aus, in dieser blauen Jeans. Der Schweiß läuft an meinen Armen herunter. Er ist wieder ganz kalt. Die Angst frisst sich in meine Magenschleimhaut. Ich habe Angst, dass mein Herz aufhört zu schlagen. Ich habe Angst vor dem, was wir Menschen anrichten können. Ich habe Angst vor den fünf Jugendlichen, die in Darmstadt in einem Greenpeace-Raum sitzen und mich willkommen heißen wollen. Mein Herz hämmert so schnell, dass es bald stoppen muss. Das Pumpen ist so laut wie das Geräusch von Eisbergen, die von einem Gletscher abbrechen. Ich will nicht sterben. Ich habe Angst vor all dem, was hinter meiner Zimmertür anfängt.

Ich bleibe liegen, bis es dunkel wird. Ich versuche nur zu atmen. Langsam und gleichmäßig. Ich versuche, dem Atem zu folgen und ihm Raum in meinem Körper zu geben. Ich atme an den Mustern des Meereises entlang. Ich atme hin zu warmen Augen und Nähe. Ich atme mit den

Wellen der Meere ein und aus. Ich atme zu den Liedern der Berge. Ich atme die Eisberge hinunter, immer tiefer, in den Bauch, auf den Meeresgrund. Da unten ist es ruhig. Friedlich. Tiefenblau. Da unten hat der Atem Raum. Dort unten kommt die Sehnsucht. Nach Weite, nach Wildnis, nach Frieden. Nach Menschen und Menschenleben. Nach Natur, nach Kälte, nach Einssein.

Unter dem Eisberg – unter der Angst – kommt die Sehnsucht.

Es sind andere Ängste als die, die ich aus meinem Schulalltag kenne. Sie sind im Eis und in den Nachrichtenüberschriften geschürt worden, aber weiten sich auf mein ganzes Leben aus, bis nichts mehr außer ihnen existiert. Die Angst vor dem, was mit der Welt passiert, ist nicht einfach wie eine Furcht vor Spinnen, der man nur mutig genug begegnen muss. Die Klimaangst entsteht aus der existenziellen Erkenntnis, dass das eigene materielle Leben genauso bedroht ist wie das einzige Zuhause, das wir haben. Die Welt- und Selbstbilder, die Ziele und Träume, die wir so lange für selbstverständlich gehalten haben, geraten ins Wanken. Bei der Klimaangst geht es nicht nur um die Furcht vor neuen Nachrichten über den katastrophalen Zustand der Welt oder den Verlust von Tier- und Pflanzenarten. Es geht darum, dass wir aus allen Sicherheiten und Überzeugungen gerissen werden, die uns bis dahin getragen haben. Es geht nicht einfach nur um eine Klimakrise. Es geht um eine gemeinschaftliche und individuelle Lebenskrise im weitesten Sinne. Und weil diese Angst so tief und komplex ist, ist es auch so schwer, ihr zu begegnen. Natürlich kann Engagement, genauso wie der Austausch mit anderen, helfen, mit diesem Gefühl umzugehen. Aber manchmal hat sich die Angst schon so sehr im eigenen Leben ausgebreitet, dass die Schritte dorthin nicht möglich sind oder nicht ausreichen. »Die wirksamste Medizin gegen Klimaangst wäre ambitionierter Klima- beziehungsweise Umweltschutz (...)«, schreibt Psychologists for Future[2]. Denn dann wäre der Auslöser der Angst kontrolliert; dann würde einen nicht mehr das beängstigende Gefühl begleiten, dass niemand sonst die Bedrohung sieht, der man sich berechtigterweise ausgesetzt fühlt. Aber wie kommen wir als Gesellschaft dorthin? Wie können wir gemeinsam und individuell durch die Angst in die Zukunft gehen?

Ich nehme an dem Projekt »Zukunftsbilder der Nachhaltigkeit« teil, das von der Stiftung FuturZwei entwickelt und durchgeführt wird. Die Stiftung setzt sich seit vielen Jahren für gesellschaftliche Transformation und ein gutes Morgen ein. Wir sitzen in Darmstadt an einem runden Tisch, zwei Stunden lang, ein paar Schulkamerad*innen, ich und eine junge Frau von FuturZwei. In ganz Deutschland bringt die Stiftung junge Menschen zusammen, um von ihren Zukunftsvorstellungen zu erfahren. Redend suchen wir nach der Zukunft, im Rückblick und Vorblick und Jetztblick, in Farben und Pflanzen, und dem, was sie für uns öffnen kann. Wir suchen gemeinsam nach der Zukunft, und wir merken schnell, wie schwer das ist. Wie

---

2 Dohm/Schulze: *Klimagefühle*, S. 83 f.

schlecht wir darin sind. Wie stark Unsicherheiten, Zweifel und Ängste uns ins Stocken bringen. Dass wir noch nicht mal einfache Fragen beantworten können: Was wünschst du dir? Wenn es keine Limitationen gäbe, wie sähe deine Zukunft aus? Nach was sehnst du dich? Die Zukunft ist ein unendlicher, gefährlicher Raum, und selbst zu acht sind wir viel zu wenige, um uns in ihn hineinzuwagen. Viel zu wenige, um wirklich glauben zu können, ihn füllen, zähmen und in ihm überleben zu können. Ich kann kaum über das nächste Schuljahr hinausdenken: Wie viel Grad Erwärmung stehen uns dann bevor? Wie viel Eis ist dann bereits geschmolzen, tausend Jahre in warmes Wasser aufgelöst? Die Krise und die Angst sind unaufhaltsam; wie soll ich gegen sie anträumen können? »Die Relativierung der eigenen Wünsche und der anderer, das schnelle Verwerfen von Träumen und das soziale Ersticken von Utopien sind Elemente, die in allen Gesprächen auftauchen und sich zu einer zentralen Erkenntnis unserer Reise verdichten: Wie schwer es für die meisten ist, sich eine positive Zukunft vorzustellen. Sich vorzuwagen in Gedankenwelten eines ›Alles könnte anders und besser sein‹«, zieht FuturZwei als ein Fazit aus den vielen Gesprächen des Projektes.[3]

Wir sind die Zukunft, diese ganzen jungen Menschen, die gerade groß werden, ihren Schulabschluss machen, ihrem Leben neue Richtungen geben. Aber wir wissen nicht, welche Richtungen überhaupt noch zukunftsfähig sind.

---

3 Gemina Picht und Magali Mohr: »Ich wünsch mir einen fetten Mähdrescher«, TAZ FuturZwei. https://taz.de/Zukunftsbilder-Jugendlicher/!167568/

Wenn ich träumen will, kommen die Ängste, die alles im Keim ersticken. Die fragen: Du weißt, dass die Kipppunkte bald alle erreicht sind und deine Zukunft dann ohnehin überschwemmt ist? Wie sollte es denn anders laufen können, wenn die Weltgemeinschaft es seit Jahrzehnten nicht schafft, der Wissenschaft zu folgen? Wie sollst du denn dahin kommen können, in deine schöne Welt? Bist du nicht einfach eine naive Idealistin? Hast du alles bedacht, was schiefgehen könnte, all die negativen Rückkopplungseffekte, die du gar nicht eingeplant hast? Die Welt ist viel zu komplex, als dass du sie gestalten könntest. Du hast doch in der Schule gelernt, wie wenig du eigentlich weißt und dass du paradoxerweise trotzdem auf alles eine Antwort haben musst. Was lohnt es sich, von der Zukunft zu träumen?

Ich weiß nicht, wem ich folgen, an wem ich mich orientieren könnte. Die Vorbilder meiner Kindheit entgleiten mir, denn in ihren Abenteuern und Geschichten gab es keine Klimakrise, kein Verschwimmen von Schuld und Lösung, keine zeitliche und räumliche Verlagerung des Scheiterns, durch die die Auswirkungen meiner heutigen Lebensweise die Leben von Kindern in zehn Jahren auf der anderen Seite der Welt zerstören. Menschen wie Jane Goodall, die ich für ihre Kämpfe und Stärke bewundere, führen ein Leben, das meinem so fern ist, teilen so wenig von meinem Alltag, meinen kleinen Sorgen und Träumen, dass auch sie als Vorbild dafür, wie ich meine Zukunft gestalten könnte, nicht in Frage kommen. Und alle Erwachsenen, die ich persönlich kenne und denen die Zukunft nicht egal ist, verharren entweder in ihrer Angst vor Veränderung oder brennen in einem verzweifelten Aktivismus aus. Die Zukunftsversprechen, mit denen sie aufgewachsen sind, gelten für mich nicht mehr. Zukunft, das war mal: Ihr werdet es besser haben als wir. Zukunft war mal: Alles ist möglich, wir haben es sogar bis auf den Mond geschafft. Zukunft war mal: Ein großer Garten und ein kleines Haus ohne die Notwendigkeit der Weltrettung. Zukunft war mal: Was will ich später werden?

Und jetzt?

Zukunft ist ein Raum der Möglichkeiten, der von uns gefüllt werden will. Ein Raum des Nichtwissens und des Zweifelns, des Träumens und des Gestaltens. Zukunft ist auch ein Raum der Angst. Aber ist das wirklich ein Problem? Angst warnt uns ja eigentlich nur, dass eine Gefahr droht. Eine Gefahr, die ernst genommen werden muss. Die in unser Handeln, in unser Planen, in unser Jetzt und Morgen miteinbezogen werden muss. Und die Angst bleibt nur so lange, wie diese Gefahr bestehen bleibt oder ignoriert wird.

Angst zeigt, was uns wichtig ist. Was wir nicht verlieren wollen. Was wirklich existenziell für uns ist. Was wir lieben. Angst kann zum Wesen der Dinge führen. Außer wenn sie entgleitet, überschwappt, überhandnimmt, wenn sie uns davon abhält, in die Welt zu gehen, mit Menschen zu sprechen, weich zu sein. Angst breitet sich aus, wenn sie ignoriert wird, sie wird mehr, wenn sie schwächer sein soll, sie entfernt sich von der Realität, wenn die Realität nicht auf sie reagiert. Aber im Ursprung ist sie nicht ohne Grund da. Und vielleicht können wir sie nutzen?

Wovor ich schon immer Angst hatte: vor Veränderungen. Ich wollte nicht auf die Welt kommen, erzählt meine Mutter. Stunde um Stunde weigerte ich mich, den Geburtskanal zu verlassen. Als ich meine Milchzähne verlor, hatte ich jeden Abend Angstzustände, weil ich das Gefühl hatte, ein Teil von mir würde sterben. *Angerlartussiaq*, der Zurückkehrer, ist erfüllt von der Angst, nicht mehr zurückkehren zu können, weil der Ort, den er so liebt, sich so sehr verändert, dass er ihn nicht mehr wiedererkennen wird. Je näher mein Schulabschluss rückt, desto größer wird die Angst vor dem, was mich danach erwartet; oder auch: was mich eben nicht erwartet. Denn die Zukunft, die in der Jugend so präsent und offen vor einem liegt, scheint sich immer mehr zu verengen. Ich habe die Möglichkeit, alles zu werden, was ich will, aber die Tatsache, dass große Veränderungen notwendig sind, um unsere Lebensgrundlage zu erhalten, kann ich nicht kontrollieren. Ein Teil von mir will alles erhalten, wie es ist. Er will eine Welt, die sich nicht verändern muss, um bestehen zu bleiben. Und gleichzeitig schreit eine Angst in mir, dass sich alles bewegen muss, wenn das, was ich liebe, nicht verlorengehen soll. Dass Veränderung notwendig ist, um bleiben und zurückkehren zu können. Ich kann der Zukunftslosigkeit erst entkommen, wenn ich in die Zukunft laufe. So als stünde ich vor einem Angstabgrund und müsste den Schritt in die Leere gehen, ohne zu wissen, was kommt; denn wenn ich bliebe, bräche mir der Boden so oder so unter den Füßen weg.

Ein paar Jahre lang stehe ich an dieser Abbruchkante. Ich bin nun mal ein Angstmensch, das zeigt doch mein ganzes

Leben. Wenn ich nicht den Gesetzen der Zeit gehorchen müsste, würde ich rückwärts gehen und mich in meiner Kindheit zusammenrollen. Ich male meine Biographie auf Papierbögen in Frau A.s Büro, in das mich die Angst und andere Dinge schließlich gezwungen haben. Ich erzähle ihr von meiner Flugangst und der Agoraphobie, dass ich nicht mehr in Züge steigen kann, um meine beste Freundin zu besuchen, und wie sehr ich an der Frage verzweifele, ob ich mehr Angst vor dem Leben oder vor dem Tod habe. Frau A. beobachtet mich nur und stellt lächelnd ihre Fragen. Sie erklärt mir nicht, was ich schon oft gehört habe: dass es berechtigte und *reale* Ängste gibt – wie die Klimaangst –, die man unbedingt in sein Handeln einbeziehen sollte. Dass es auf der anderen Seite aber auch *entgleiste* Ängste gibt, die vor einer Gefahr warnen, die in Wahrheit gar nicht oder kaum existiert und die man besser nicht zu ernst nimmt. Dass gegen akute Angst- oder Panikattacken Laufengehen helfen kann, bewusstes Atmen, Ablenken, Tröstenlassen, Musikhören, Erzählen. Dass es am wichtigsten ist, die Ängste mit der Realität und dem, was man über sie weiß, abzugleichen. Also: Gibt es berechtigte Gründe für meine Angst, dass der Zug auf meiner Fahrt entgleisen wird? Wie hoch ist die Wahrscheinlichkeit, dass dieses Flugzeug abstürzt? Ist es realistisch, dass eine Erwärmung von 3 °C mit all ihren Folgen auf uns zukommt? Um dann zu überlegen, was der *Worst Case* wäre und was an ihm so schlimm ist. Selbst wenn ich jetzt sterben sollte (was durch eine Panikattacke nicht passiert) – warum macht mir das solche Angst? Das Leben ist nun mal endlich, und alles was wir tun können, ist die Zeit vor dem Sterben so gut wie möglich zu gestalten. Die Angst kann bei der Frage helfen, wie man sich verhalten soll: Denn bei einer Angst vor etwas sehr wahrscheinlich Eintretendem ist es ratsam, sowohl Prävention als auch Notfallmaßnahmen einzuleiten. Und wenn das Angstmachende sehr unwahrscheinlich ist, kann es helfen, nach den tiefer liegenden Gründen für die Angst zu suchen, denn in der Beschäftigung mit den Ursachen der Angst kann das größte Wachstum stattfinden.

Aber, wie gesagt, Frau A. erklärt mir das Ganze nicht noch mal. Stattdessen lächelt sie, als sie auf meine Papierbiographie blickt: »Sie sind ja eine Abenteurerin!« Ich stutze, weil sich das so fremd anhört. Wie soll man eine Abenteurerin sein, wenn man sogar vor dem eigenen Körpergewicht Angst hat? Sie sieht mir meine Zweifel an und fügt hinzu: »Sie haben schon in Ihrer Kindheit viel erlebt, Sie sind so viel durch die Welt gekommen. Und das Fernweh packt Sie immer wieder – trotz der Angst und den Herausforderungen, die Sie erlebt haben –, das haben Sie mir letzte Woche erzählt. Also ich finde, Sie sind eine richtige Abenteurerin!«

Etwas in mir beginnt zu schwingen. Eine Paula, die in Nachtzügen durch Thailand fährt, mit aufgeschlagenen Knien auf Bäume klettert und immer einen Papageien-Ohrring trägt, weil sie sich damit wie eine Piratin fühlt. Kann man eine Abenteurerin sein, wenn man vor so vielem Angst hat?

Ja, sagt Frau A. Ich lerne von ihr, *Angerlartussiaq* eine Abenteurerin an die Seite zu stellen. Ich muss die Abenteurerin füttern, ihr viel Aufmerksamkeit und Zeit schenken, denn sie ist deutlich kleiner und vernachlässigter als ihr großer Bruder. Ich gehe mit ihr nachts in den Wald spazieren, fahre mit ihr mit Fahrrad und Zelt durch die Wildnis Schwedens oder lackiere mir die Nägel rot. Jede Abenteurerin braucht etwas anderes. Aber inzwischen glaube ich, dass jede Abenteurerin der Angst den Klang der Sehnsucht an die Seite stellen kann. Sie kann der Angst zeigen, dass die Zukunft nicht so verloren ist, wie es scheint. Die Angst kennt nur Absolutheit. *Angerlartussiaq* glaubt nur, dass er zurückkehren oder eben niemals zurückkehren kann; und erst die Abenteurerin hat ihm gezeigt, dass sich die Dinge verändern können, ohne verlorenzugehen. Aber dass es dafür meistens den Mut braucht, den nächsten Schritt zu gehen. Jede Abenteurerin kann helfen, in die Zukunft aufzubrechen, auch wenn wir nicht wissen, was kommt. Denn das ist ja das Besondere an einem Abenteuer: dass sein Ausgang ungewiss ist. Aber dass nach der Angst immer etwas kommt, dass die Welt oder das Herz nicht stehenbleiben, das weiß die Abenteurerin. Und sie freut sich darauf. Denn sie lebt von dem Abenteuer des Ungewissen.

Spöng

Mit vierzehn Jahren beginne ich zu verstehen, was Verantwortung bedeutet. Ich laufe über den Pferdehof, auf dem ich reiten lerne. Auf der Wiese am Waldrand steht ein Pferd mit grauem Fell und grast. Der Mähnenansatz der dünnen Stute ist blutig gescheuert. Sie blickt auf und trabt mit einer Kraft und Anmut über die Wiese, die ich ihrem mageren Körper nie zugetraut hätte. Spöng ist vier Jahre alt und hat gerade ihr Fohlen verloren, sagt Sven, mein Reitlehrer. »Willst du dich etwas um sie kümmern?« *Spöng* bedeutet »Eisbrücke über einen Wasserfall«. Sie ist wild, eigensinnig und voller Energie. Wenn ich sie von der Koppel hole und am Putzplatz anbinde, windet sie sich aus ihrem Halfter und rennt davon. Beim Putzen kann ich nur ihren Rücken berühren, ohne dass sie angsterfüllt die Augen aufreißt und mir ausweicht, und im Longierzirkel rennt sie Runde um Runde, ohne mich auch nur im Geringsten zu beachten. Ich bin sofort verliebt. Sie erinnert mich an schwimmende Eisberge, Zugvögelrufe und Gewitterwolken. Nach ein paar Wochen verkaufen meine Eltern unseren Feuerwehrbus, um das Geld für das kleine Islandpferd aufbringen zu können. Ich weine vor Glück.

Spöng ist gerade erst angeritten und weiß nur, wie man gelenkt und gebremst wird. Allerdings scheint sie das immer dann zu vergessen, wenn ihr eine bessere Idee in den Sinn kommt. Ich habe schon eine Weile mit Pferden gearbeitet und die letzten Jahre damit verbracht, Sven bei seinem Umgang mit ihnen zu beobachten. Ich weiß, wie viel man falsch machen kann, wenn man ein junges Pferd ausbildet. Also befolge ich in meiner wöchentlichen Reitstunde alles, was Sven sagt. Wir gehen ausreiten oder auf den Reitplatz, und jedes Mal brennen danach meine Armmuskeln. Es scheint, als gehöre ein Stück Gewalt dazu, ein junges Lebewesen zu erziehen. »Halte sie fest!«, sagt Sven, wenn Spöng wieder einmal gegen das Gebiss geht und wegrennen möchte. Halte sie fest. Spöng hätte sein Sportpferd werden sollen, wenn sie das Fohlen nicht verloren hätte und dadurch körperlich so schwach geworden wäre. Jetzt soll ich sie wieder aufbauen und mit ihr erfolgreich werden. »Am schönsten sieht sie aus, wenn sie wütend ist«, sagt er. »Du musst nur stark genug werden, sie dann noch halten zu können.« Ich versuche, stärker zu werden. Ich bin ohnehin jede freie Minute mit meinen Freundinnen Julia und Ella auf dem Hof; wir misten die Ställe und füttern die Pferde, passen auf Svens Sohn auf und betreuen die Kinderreitferien eigenverantwortlich. Nebenbei putze ich bei meinen Großeltern, um Geld für Spöngs Unterhalt zu verdienen. Bei den Pferden zu sein bedeutet, keine Zeit für die Gedanken in meinem Kopf zu haben. Ich habe einen Ort gefunden, an dem ich die Welt vergessen kann. Ich kann mich leicht fühlen und die Taubheit meines Körpers abstreifen, wenn ich auf Spöng durch den Wald galoppiere, Schubkarren voller Mist über den Hof schiebe und mit Ella und Julia im warmen Sommerabendlicht über die hochgewachsenen Koppeln streife. Die Zeit vergeht, ohne dass ich an der Welt oder an dem, was man Pubertät nennt, wirklich teilnehmen muss. Ich verdränge alles, und es fühlt sich so gut an, dass ich mir nichts sehnsüchtiger wünsche, als dass es für immer so weitergeht.

Dann kommt Erill. Eines Abends steht er auf der Wiese hinter dem Haus. Er ist mager, feuerrot und zittert. »Ich habe meine neue Sportstute nur kaufen können, wenn ich ihn umsonst mit dazu nehme«, sagt Sven, als er an Ella, Julia und mir vorbeiläuft. Wir sitzen schon den ganzen Abend vor dem Zaun der Koppel und beobachten das neue Pferd. »Er ist schon durch mehr als zehn Hände gegangen, keiner will ihn haben. Er geht zu viel durch. Aber ich bekomme ihn schon hin.« Er grinst. »Warum ist er so dünn?«, fragt Ella. »Ach, das kommt von der Hängerfahrt. Er hatte so viel Stress, dass er 50 Kilo abgenommen hat. Die kleine Memme.« Lachend verschwindet Sven in der aufziehenden Dämmerung. Man sagt, dass Islandpferde aus Feuer und Eis bestehen, wie die Insel, von der sie kommen. Und als ich Erill sehe, der in der Dunkelheit rot leuchtet, weiß ich, dass ich das Feuer zu meinen Eisbergen gefunden habe.

Es dauert nicht lange, bis Sven mich fragt, ob ich Erill reiten möchte. Im Licht eines goldenen Sommerabends führen wir Erill in den kleinen Longierzirkel, damit er nicht zu viel Platz zum Durchgehen hat. Mit mir auf seinem Rücken rennt er trotzdem Runde um Runde, aber ich kann nicht anders, als zu strahlen. Etwas rückt an seinen richtigen Platz. Ab diesem Abend versuche ich nicht nur Spöng, sondern auch Erill zu zähmen. Ich muss meine harte Schutzweste tragen, wenn ich ihn reite. Julia hält ihn jedes Mal fest, wenn ich auf dem Reitplatz aufsteige, damit er nicht sofort durchgeht, bevor meine Füße überhaupt in den Steigbügeln stecken. »Du schaffst das«, sagt Sven. »Er sieht schon besser aus. Ihr passt gut zusammen.« Die Monate ziehen ins Land. Spöngs Mähne wächst, Erill kommt im Stall nach ein paar Wochen freiwillig zu mir, anstatt wegzurennen, und die Welt dreht sich ohne mich weiter. Im Geographieunterricht gehe ich oft heimlich aus dem Klassenzimmer, wenn wir über die Klimakrise reden, aber am Nachmittag habe ich wieder Reitstunde, die mich zurück in meinen Körper holt. Ich bin glücklich, glaube ich. Ich habe Ella, Julia und Sven, die Pferde und meine Aufgabe. Mit Erill kann ich inzwischen auch am lockeren Zügel ein paar Meter entspannten Schritt reiten, und Spöng lässt sich langsam aufhalftern, ohne dass sie mir einen Kinnhaken geben will. Ich trage Verantwortung für diese zwei Pferde, und sie füllt mich so aus, dass ich die große, bodenlose Unkontrolliertheit der Welt die meiste Zeit über vergessen kann.

Bis zu einem warmen Tag im Mai. Ich bin inzwischen fünfzehn. Im T-Shirt laufe ich auf die Weide, mit dem roten Halfter in der Hand, das so gut zu Erill passt. Ich merke gleich, dass etwas nicht stimmt. Als er sich zu mir umdreht, sehe ich die Verletzungen und Schwellungen in seinem Gesicht. Erill zittert am ganzen Körper, der Schweiß tropft an seinen Beinen herunter. Ich versorge die Wunden, beruhige das verängstigte Pferd und schweige geschockt, als Sandra, Svens Frau, mir erklärt, dass Sven Erill auf einem Ausritt einfach mal zurechtweisen musste, weil er ihm wieder durchgegangen sei. Ich fahre nach Hause und schweige, noch mehr als sonst. Ich weiß nicht, wie ich der Realität ins Auge blicken soll, die mit diesem Vorfall eigentlich einhergeht. Da ist viel zu viel, was ich verlieren könnte. Ich schweige, und ein paar Tage später holt mich meine Mutter morgens aus dem Klassenzimmer. Sie weint und trägt noch ihren Schlafanzug. Ich weiß es, bevor sie es sagt. Sven hat Erill in der Nacht zum Schlachter gebracht. »Für dich, das weißt du«, sagt er mir später. »Ich hätte es nicht verantworten können, wenn dir etwas passiert. Er war zu gefährlich.« Aber nicht mir war etwas passiert, sondern Svens Stolz. Dieses Pferd hatte sich nicht so brechen lassen wollen wie andere. Seine Angst war schon viel zu groß gewesen, um mit weiterer Gewalt und Drohungen kontrolliert werden zu können.

Meine kleine Welt bricht zusammen wie ein Kartenhaus. Ich liege tagelang im Bett und starre die Decke an. Ella und ich werden vom Hof geschmissen, weil wir auf eine andere Art und Weise reagiert haben, als es vorgesehen war. Weil wir trauern. »Ich bin Pferdemensch, ich kenne nur Schwarz und Weiß, keine Grautöne!«, schreit Sandra uns hinterher. »Entweder ihr seid auf unserer Seite und akzeptiert, wie der Hof hier läuft, oder ihr verschwindet jetzt sofort!« Auch wenn ich manchmal glaube, Tränen in ihrem

Blick zu sehen, ignoriert Julia uns wie so viele andere an dem Hof, der in den letzten Jahren zu meinem Zuhause geworden ist. Halte sie fest, hat Sven gesagt. Und jetzt weckt seine aggressive Körperhaltung in mir die Angst, dass er auch Spöng etwas antun könnte, wenn ich nicht schnell genug aus seinem Territorium verschwinde. Ich packe die Sachen aus meinem Spind in einen Müllsack. Wir gehen, ohne uns zu verabschieden.

Am neuen Hof verschlechtert sich Spöngs Zustand wieder. Sie wird lethargisch und frisst immer weniger. Aber ich habe selber keine Kraft mehr. Ich würde mein Bett nicht verlassen, wenn meine Mutter mich nicht regelmäßig zu Spöng fahren würde. Die Gefühle, die ich seit Grönland unterdrückt habe, scheinen sich unkontrolliert in meinem Körper auszubreiten und mit allem anderen zu vermischen. Es gibt nichts mehr, was gegen sie anhalten kann. Die Taubheit, die sich in der grönländischen Kälte langsam aufgelöst hatte, kommt stärker denn je zurück; ich spüre dadurch zwar meine Gefühle weniger, aber auch meinen Körper nicht mehr. Gestern und Heute lässt sich nicht mehr trennen; Erills Feuerfell, Orpas Lachen und Spöngs immer leerer werdender Blick gehen ineinander über. Bin ich zu Hause, habe ich Angst vor weiteren Klimanachrichten, und am neuen Stall kann ich es nicht ertragen, wie schlecht es Spöng geht. Die Klimakonferenz in Paris wird als Meilenstein gefeiert, während bei Spöng neurologische Probleme auftreten. Immer öfter fällt sie beim Loslaufen einfach um. Ihr graues Fell liegt im Staub, die Beine strecken sich krampfend von ihr, Angst flackert in ihrem

Blick. Ohnmacht fühlt sich immer gleich an, denke ich, während mein Pferd mich panisch ansieht. Nach ein paar Sekunden steht sie wieder auf und läuft weiter, als wäre nichts passiert, aber ich kann mich nicht mehr so einfach aufrichten. Mein Blick verändert sich. Die Verantwortung fühlt sich nicht mehr erfüllend an, sondern angsterfüllt. Die Ohnmacht überschattet ihren Ursprung: Liebe. Ich hatte für Spöng und Erill, für Orpa und Angiuk und für die Welt da sein wollen, und das Gegenteil bewirkt. Immer die gleichen Gedanken: Hätte ich doch früher hingeschaut, früher gehandelt, dann wäre das alles nicht passiert. Es ist meine Schuld.

Was sich wie ein Moment anfühlt, der so einschneidend ist, dass er unmöglich jemals enden kann, wird von Woche zu Woche weiter von mir weggetrieben. Die Schockstarre weicht einer inneren Lähmung, die mich im Alltag funktionieren lässt, während tief in mir immer noch alles auf dem Boden dieses warmen Maitages sitzt und weint. Die Zeit läuft weiter, aber ich finde keine Antworten, die mich ihr folgen lassen könnten. Während ich in diesem Tag gefangen bleibe, entfernen sich alle anderen Menschen in meinem Leben mit jeder Woche weiter von mir. Ich verstehe nicht, wie sie in ihrem gewohnten Gang weiterlaufen können, und ich beneide sie für die scheinbare Leichtigkeit, mit der sie durchs Leben gehen. Um mich herum wird gelacht und herumgealbert, gegessen und in Hausaufgabenhefte gemalt. Niemand scheint zu sehen oder sehen zu wollen, was in der Welt vor sich geht. Aber der Schmerz darf nicht vergessen werden, sagt etwas in mir. Erill darf nicht vergessen werden. Die Kinder in Tiniteqilaaq dürfen nicht vergessen werden. Die an Ketten verhungernden Schlittenhunde dürfen nicht vergessen werden. Ich muss den Schmerz fühlen und bezeugen, damit er nicht umsonst gewesen ist. Ich ritualisiere ihn, um ihn nicht der grausamen Ignoranz des Alltagslebens zu überlassen, oder dem Vergessen. Ich denke am Morgen nach dem Aufwachen an ihn, in den Schulpausen auf dem Klo, während der Deutschstunden und vor dem Einschlafen. Ich träume von ihm und fahre mit ihm Bus. Ich weine und lache nicht, für ihn. Meine Zeuginnenschaft muss beobachtend und neutral bleiben. Aber ich muss noch mehr tun können, als nur zu bezeugen. Die Erde erwärmt sich immer weiter. Spöng fällt wieder und wieder um. Irgendjemand muss mir doch sagen können, was sie braucht. Irgendetwas müssen wir doch tun können.

Dabei ist es eigentlich ganz eindeutig. Wir dürfen die Zeichen nicht ignorieren. Wir dürfen nicht mehr so viel Kohlendioxid in die Atmosphäre pumpen. Wir müssen unsere eigenen Privilegien reflektieren und manche von ihnen aufgeben. Spöng vergrößert meinen ökologischen Fußabdruck. Nicht nur frisst sie mehrere Kilo Raufutter und trinkt 20 Liter Wasser am Tag: Ich muss auch jedes Mal eine halbe Stunde mit dem Auto fahren, um zu ihr zu gelangen. Wenn ich kein Pferd hätte, wäre ich gar nicht auf ein Auto angewiesen. Pferde sind Klimakiller. Je größer das Haustier, desto höher der CO_2-Ausstoß. Vor allem aber raubt Spöng mir so viel Zeit. Ich bin fast jeden Nachmittag bei ihr, und neben Schule, Hausaufgaben und dem Stall bleibt kaum noch Zeit für anderes, für Aktivismus, für die Auseinandersetzung mit dem aktuellen Wissen über die Klimakrise oder die Arbeit an Lösungen. Ich stehe morgens auf, bin erschöpft, gehe in die Schule, bin erschöpft, fahre zum Stall, bin erschöpft und kann abends nicht einschlafen, erschöpft. Ich weiß nicht, wohin meine Kraft verschwunden ist. Aber wenn ich meinem Vorsatz, nie wieder die Zeichen zu übersehen, folgen will, weiß ich eine Sache ganz sicher: dass ich Spöng verkaufen muss. Es ist die einzige konsequente Schlussfolgerung aus dem, was ich über die Klimakrise und das Leben gelernt habe. Ich weiß nicht, wie ich leben soll, wenn ich noch mehr Schuld auf mich lade.

Aber ich weiß auch nicht, wie ich dieses Pferd gehen lassen soll. Ich sehe in ihren dunklen Augen, dass sie mich mehr braucht denn je. Nicht nur, damit ich mich mit meinem ganzen Gewicht gegen sie lehnen kann, wenn sie wieder droht umzufallen, sondern auch, damit wir stundenlang gemeinsam auf der Weide sitzen können, einzeln und doch zusammen. Die Welt braucht pferde- und autolose Menschen, aber ich brauche Spöng. Auch wenn ich nicht mehr auf ihr durch den Wald reiten kann, trägt sie mich durch diese tauben Tage. Aber habe ich das überhaupt verdient? Darf ich an dieser Stütze festhalten, wenn das bedeutet, dass andere Menschen und Tiere in Elend leben? Müsste ich nicht stark genug sein, ohne Spöng in der Welt zurechtzukommen? Wäre Spöng vielleicht sogar ohne mich besser dran, wenn meine eigene Schwere sie nicht mehr zu Boden drückt? Hätte nicht die ganze Welt bessere Aussichten, wenn ich keinen Platz in ihr wegnehmen würde? Ein Bauch weniger, der gefüllt werden muss, eine Lunge weniger, die Kohlendioxid in die Atmosphäre bläst. Hätte Erill überlebt, wenn ich nicht auf diesem Hof gewesen wäre, wenn man mich nicht hätte beschützen wollen? Hätte Angiuk eine Zukunft, wenn ich keine hätte? Kann ich mit meiner Existenz überhaupt genug Gutes tun, um das auszugleichen, was ich allein durch meine Lebensweise in einem kapitalistischen System unausweichlich anrichte, wenn ich essen und trinken, mich kleiden und fortbewegen will? Darf ich nach mehr als Überlebensnotwendigem und Weltverbesserndem streben, ohne mich schuldig zu machen?

Wenn ich Erwachsene um mich herum beobachte, dann scheint der einzige Weg das Weitermachen zu sein. In meinem Schmerz halte ich nicht viel von ihrem verzweifelten Festhalten am Bekannten, ihrem schwachen Immer-weiter-so in den Krisenlagen. Aber ich weiß nicht, wie ich es anders machen kann. Wie soll ich nicht erwachsen werden? Wie kann ich erwachsen sein, und meiner Verantwortung trotzdem gerecht werden? Aber was ist die Konsequenz? Spöng zu verkaufen, nichts mehr zu mir zu nehmen? Dafür habe nicht die Kraft. Mich zu verachten und einen Alltag zu führen, der meine Privilegien erhält, Immer-weiter-so? Es wird die zweite Variante, ganz automatisch. Es ist leichter, die Konsequenzen des Nichthandelns zu ertragen, wenn man nicht mehr weiterweiß. Das Handeln bedarf immer Kraft. Das Weitermachen wird zum Mantra, das nicht nur mich, sondern auch die Gesellschaft um mich herum weiter funktionieren lässt. Die Angst vor dem, was die Alternative wäre, ist sein Motor. Immer weitermachen. Nicht aufgeben. Die Angst ist ein kraftvoller Antrieb, aber auch einer, der auf lange Sicht unglaublich erschöpft.

Die Müdigkeit breitet sich in mir aus. Meine Haare werden dünner. Meine Stimme wird leiser. Meine Träume werden schwächer. Nicht aufgeben. Aber je krampfhafter ich weitermache, desto größer wird der Wunsch, dass es einfach vorbei ist, dieses Leben. Die Vergangenheit hält mich mit ihren langen Armen umklammert, und die Zukunft bäumt sich vor mir auf, so dass ich in der Gegenwart gefangen bleibe. Ich kann der Müdigkeit nicht selbst entkommen, aber irgendjemand – irgendetwas – soll es einfach aufhören lassen. Die konstante Angst um das, was ich liebe, höhlt erst die Liebe und dann sich selbst aus. Die Depression ist wie ein Phantomschmerz: Die Gefühle sind zwar abgetrennt worden, aber ihr Schmerz pocht weiter, wo eigentlich nur noch Leere ist. Ich will nur noch schlafen. Ich will mich hinlegen und nicht mehr aufstehen. Nicht mehr weitermachen. Mich der Müdigkeit ergeben.

Wenn ich mich der Müdigkeit hingebe, träume ich meinen Erdtraum. Ich lasse mich langsam nach hinten fallen, in die Lähmung, in die enge Leere, in die kalte Hitze. Ich lasse mich ganz sachte nach hinten gleiten, die Arme ausgestreckt, die Augen geschlossen, und treffe auf die Erde. Sie ist nicht hart und abweisend, sondern nimmt mich auf. Sie öffnet ihre Oberfläche und wird weich. Mein Körper wird weiter und erdbraun. Ganz langsam, ganz sachte, löse ich mich in der Erde auf. Ich lasse mich in die Welt fallen, und sie nimmt mich in sich auf. Ich werde so weit und erdig, dass ich nicht mehr auf der Erde stehen muss, damit sie mich trägt. Ich kann ihrem Atem von innen lauschen, ohne selbst noch Luft holen zu müssen. Ich bin Erde, Milliarden Partikel aus Blau und Braun und Grün. Ich bin Erde. Ich trage Menschen auf mir, aber keine Verantwortung mehr.

Spöng steht auf der steilen Wiese am Waldrand und frisst wilde Gräser, Brombeeren und Erdklumpen. Mittags döst sie mit zwei anderen Pferden unter den Buchen in einer kleinen Senke, denn der Sommer wird immer heißer. Wenn ich morgens zu ihr komme, wenn meine Schuhe von dem taugetränkten Gras ganz nass werden und die Spinnweben im Morgenlicht leuchten, blickt sie mir mit wachen Augen entgegen. Es geht ihr besser. »Sie braucht Weite«, hatte mir eine Freundin gesagt und recht behalten. Nach zwei wenig erkenntnisreichen Klinikbesuchen, nach unzähligen Behandlungen und Meinungen, nach diversen Kräutern und Medikamenten ist die Besserung erst gekommen, als wir sie auf eine fünf Hektar große Weide gebracht haben. Es gibt keinen Stall und keinen Strom, kein Licht und kein fließendes Wasser, aber ich kann mit dem Fahrrad zu ihr fahren. Ich laufe 15 Minuten durch die Brombeerhecken und Apfelbäume, durch die Senken und über die Hänge, bis ich Spöng finde, die ganz hinten in einer Ecke der Weide steht und grast. Wenn sie keine Lust auf mich hat – und das passiert häufig –, gelingt es mir nicht, sie einzufangen. Sie galoppiert über die steilen

Hänge davon, mit Kletten und Blättern in der Mähne, und fast habe ich das Gefühl, sie lachen hören zu können, als würden wir Fangen spielen. Ich habe aufgegeben, sie brechen oder zähmen zu wollen. Sie ist ohnehin viel stärker als ich. Ich setze mich ins Gras und beobachte, wie sie ein paar Meter neben mir nach Äpfeln sucht; in meiner Nähe, aber nicht so nah, dass ich sie berühren kann. Nach einer Stunde fahre ich wieder nach Hause, und es geht mir besser.

Meine Eltern sitzen in der Küche und arbeiten an ihrem Buch über die Klimakrise. Meine Schwestern bauen hinter dem Sofa eine Burg aus Decken. Auf dem Herd köchelt ein Topf Kartoffeln vor sich hin. »Paula, rate mal, was passiert ist! Jostein Gaarder hat uns eben auf unsere Mail geantwortet und der Interviewanfrage zugestimmt! Kannst du das glauben?« Ich schenke mir ein Glas Wasser ein. »Wir haben uns gedacht – wenn du Lust hast –, dass du dir vielleicht ein paar Fragen für das Interview ausdenken könntest? Du liebst doch seine Bücher so, das wäre eine tolle Gelegenheit! Was hältst du davon?« Keine Ahnung. Ich fühle nichts, und in meinem Kopf ist nichts als Selbsthass. Da ist sie wieder, die verwöhnte Aktivist*innentochter, die sich noch nicht mal über so eine Chance freuen kann, verhöhnt er mich. Ich zucke die Schultern. »Kann ich machen. Aber ich spreche auf gar keinen Fall selbst mit ihm!« Meine Stimme funktioniert schon ohne Angst kaum noch.

Ich lese Gaarders Buch: *2084 – Noras Welt*. Nora träumt von ihrer Urenkelin Nova, die zwischen Klimageflüchteten, Kamelen in Norwegen und *ecogrief* lebt. Nora weint und bleibt stark und gründet eine Umweltinitiative. Ich weine, werde noch schwächer und stehe kaum noch aus meinem Bett auf. Vermutlich eine Frage des Charakters, wir sind ja gleich alt, Nora und ich und all diese jungen Menschen, die sehen und weinen und dann stark werden, oder eben auch nicht. Ich sauge mir Fragen aus den Fingern, das Thema des Interviews sei Klimageflüchtete, haben meine Eltern gesagt. Zehn Fragen sollen es sein, aber ich habe eigentlich nur eine. Eine große, erdrückende Frage, die mich aushöhlt und müde macht und hassen lässt. Wie können wir Menschen weitermachen, wenn jede Hoffnung verloren scheint? Ich schreibe: Gibt es überhaupt noch Grund zur Hoffnung für meine Generation und alle, die nach mir kommen? Da ist ein großes Bedürfnis in mir, dass Gaarder mich versteht. Dass er weiß, wie existenziell sich diese Frage anfühlt. Er antwortet: »Ich habe beschlossen, nicht pessimistisch zu sein. Wir können uns nicht leisten, pessimistisch zu sein. Pessimismus ist nur eine Art, Verantwortung abzugeben. Es ist ein anderes Wort für faul sein (...)«.[1]

Die Stimme in meinem Kopf triumphiert. Sie hat es ja immer gesagt: Ich bin einfach nicht stark genug, mich für die helle Seite zu entscheiden. Ich bin zu faul für Hoffnung. Ich kann meiner Verantwortung nicht gerecht werden, weil ich sie nicht haben will. Dass ich nicht aktiv werde, liegt nicht an psychologischen Prozessen oder philosophi-

---

1 Jana und Jens Steingässer: *Die Welt von Morgen. Eine Familie auf den Spuren des Klimawandels*, S. 168.

schen Dilemmata. Es liegt einzig und allein an meinem fehlenden Willen. Ich mache mich kleiner, noch kleiner. Denn was nützt es schon, wenn ich weitermache, wenn ich nach Wegen suche, groß zu werden? Wenn ich ohnehin nicht den Willen zu haben scheine, etwas zu verändern? Wenn ich schon damals nicht gesagt habe: Sven hat Erill misshandelt, wir müssen dieses Pferd da rausholen?

Ich mache mich kleiner, während die Klimakrise immer größer wird. Trotzdem fahre ich fast jeden Tag zu Spöng. Sie braucht mich ja doch, trotz allem. Ich weiß, ich sollte, ich müsste, aber wie? Paradoxerweise kann ich sie weniger allein lassen, je überzeugter ich bin, keiner Verantwortung gerecht werden zu können. Spöng stolpert noch viel im Schritt, und ich säubere und desinfiziere mehr als einmal die Schürfwunden auf ihren Vorderfußwurzelgelenken. Gleichzeitig scheint sie in ihrem Wildpferdedasein aufzugehen. Je dreckiger und autonomer sie ist, desto stärker leuchtet der Stolz in ihrem Blick. Sie scheint meine Anwesenheit trotz allem genießen zu können, denn sie kommt immer öfter zu mir, wenn ich in den hohen Gräsern sitze. Alles in mir wird ein wenig leichter, wenn sie neben mir steht, die langen Ohren entspannt auf mich gerichtet, das graue Fell wieder voller Glanz. Vielleicht brauchte nicht nur Spöng, sondern auch ich die Weite dieses Stückchens Erde.

Ich lege mich auf die duftende Wiese und weine zum ersten Mal seit Monaten. Spöngs warmer Atem streift mein nasses Gesicht. Ich habe ihr so lange nur mit Härte entgegentreten können, weil ich es nicht anders gelernt habe. Ich

war so sicher, dass ich der Verantwortung für dieses Lebewesen, für alles Lebende, nur mit eisernem Willen und
Kontrolle begegnen kann; ich, als Mensch, der immer für,
nie mit anderen Arten entscheidet. Weil er weiß, was das
Beste ist. Dabei zeigt Spöng mir, was sie braucht. Ich kann
ihr sagen, du musst dich auf diese Art bewegen und dies
für mich machen, und dabei die Zügel so fest halten, dass
sie das Gebiss aus ihrem Maul ziehen und meine Arme
krampfen. Aber auf diesem Weg werden wir im Kampf
verbleiben, bis wir krank und einsam sind. Oder ich frage
nach. Ich greife nicht einfach nach ihrem Körper, sondern
warte ihre Antwort ab und akzeptiere ein Nein. Ich sehe
ihre Kraft und Sensibilität nicht als etwas, das mir jederzeit zur Verfügung steht, sondern ich nehme an, was sie
mir gibt, und gebe ihr, was sie braucht. Verantwortung ist
nicht immer Kontrolle, sondern meistens ein gegenseitiges
Einlassen.

Zu meiner Verantwortung gehören auch Angst, Pessimismus und Verzweiflung. Diese Empfindungen zu unter-
drücken würde heißen, die Verbindung zu dem, für das ich
sorgen möchte, zu verlieren. Die Angst lässt meine Beine
zittern und meinen Bauch krampfen, wenn ich zu Spöng
fahre und Leere in ihrem Blick sehe. An den Tagen, an denen sie nur müde und schwach ist, an denen sie stolpert
und sich in sich selbst versteckt, kann ich nicht hoffnungs-
voll sein. Ich kann nie wissen, ob es ihr morgen wieder
besser geht oder ob ich sie nächste Woche verlieren werde.
Manchmal schaffe ich es tagelang nicht zur Weide, weil
die Lähmung mich wieder im Griff hat. Aber das ist kein

Grund, es morgen nicht wieder zu versuchen. Ich kann sie fragen: Brauchst du Ruhe? Brauchst du Kräuter für deinen Magen? Brauchst du einen Ausritt? Oft kann ich ihre Antwort erst nach einiger Zeit verstehen, und die Liebe und die Angst bleiben immer. Ich mache so viele Fehler, denn sie gehören zur Verantwortung dazu. Ich fühle mich schuldig, wenn es ihr schlecht geht, dann wieder erfüllt von ihrer Anwesenheit; ich bin verzweifelt, weil es wirklich immer wieder schwere Phasen gibt, und doch voller Leichtigkeit, wenn wir nach Wochen wieder einmal durch den Wald streifen, in ihrem Tempo. Ich kann nicht einfach entscheiden: Es geht dir jetzt besser, oder: Wir werden die Welt morgen gerettet haben. Aber ich kann da sein und zuhören und das tun, was ich für richtig halte. Kann so Erwachsensein, Menschsein funktionieren in dieser Welt? Indem wir beobachten, lernen, zuhören und Entscheidungen treffen für andere, die weniger Macht haben? Braucht Verantwortung weniger Härte und mehr Zeit? Zumindest weiß ich, dass es Zeit braucht, das Zuhören zu lernen. Ich lebe heute seit zehn Jahren mit Spöng zusammen. Und langsam begegnen wir uns mit einem Lächeln, auch wenn wir nicht mehr funktionieren.

Schuhgröße 44

Ich stehe vor dem Spiegel und betrachte mein Spiegelbild. Braune Haare, ein breiter Kiefer, große Hände. Stark sieht mein Körper aus, dicke Knochen, Muskeln und Fett. Ein Meter achtundsiebzig. Wohin mit ihm? Die Welt ist voller Möglichkeiten. Ich darf allein meinen Leidenschaften nachgehen. Aber mein Körper ist leer, ohne Leidenschaften. Auch mein Bauchgefühl gibt keine neue Richtung vor. Mein Körper ist schwer. So schwer, dass er sich nicht in die Zukunft tanzen kann, wie man das so erzählt bekommt. Durch Nächte voller Jugend und Lachen, Leichtigkeit in jedem Schritt. »Die beste Zeit meines Lebens«, sagen sie. »Wie gerne wäre ich noch einmal jung.« Mein Körper ist zu schwer dafür. Er passt in keine der Rollen, die ihm die Gesellschaft ankleiden möchte. Wie kann ein Körper, der nur Leere enthält, so schwer sein? Mein Spiegelbild gibt keine Antworten.

Ich mache ein sehr gutes Abitur, obwohl ich vor zwei Jahren noch die Schule abbrechen wollte. Lernen ist eine gute Realitätsflucht. »Wir haben es dir doch immer gesagt«, höre ich aus meinem Umfeld. »Du hättest all die Jahre wirklich nicht so an dir zweifeln müssen.« Ich kann mir aussuchen, was ich studiere, ein Stipendium winkt. Ist das ein Schimmer von Zukunft? Ich brauche ewig, um mich zu entscheiden. Ich schreibe auf Blätter, in Bücher, überallhin: Was braucht die Welt? Welche Talente bringe ich mit? Wie kann ich beides vereinen? Die Welt braucht Mut, Entscheidungsfreudigkeit und Visionen, und ich habe nichts davon. In einem anderen Leben würde ich vielleicht etwas mit Literatur studieren, aber was nützt uns Literatur in Anbetracht der Klimakrise? Niemand findet wirklich Worte für das, was passiert.

Was fängt man mit einem Leben an, das in einer Welt stattfindet, die keine Zukunft mehr zu haben scheint? Mit dem Abitur in der Tasche, aber keinen zukunftstauglichen Lebensentwürfen und Vorbildern? Was soll man tun, wenn man auf der Stelle liegt und sich nicht fortbewegt? Wütend werden, sagen sie. Die Jugend ist die Zeit des Protestes, der Revolution, der Ausbrüche. Wirf uns unsere Fehler vor, randaliere, steh zu dir. So wie wir das früher gemacht haben. Ich suche nach der Wut auf die Generationen vor mir, auf die Politik und die Lobbyisten, auf den Kapitalismus und auf alle, die ignorieren, zerstören und profitieren. Ich will sie hinausschreien, die ganze Wut, ich will sie in Bewegung und Veränderung verwandeln und mich von ihrer Kraft antreiben lassen. Aber da sind nur Angst, Trauer und Müdigkeit. Irgendetwas stimmt nicht mit mir. Ich bin neunzehn und müsste feiern und tanzen, wütend werden und Glasscheiben zertrümmern, so viel Spannung wie auf meiner Brust liegt. Aber ich tue nichts davon. Auch mein Körper stimmt nicht, er sieht viel zu stark aus, viel zu belastbar für das, was er tatsächlich umhüllt. Wenn ich so stark und zielstrebig sein soll, warum schaffe ich es dann nicht, meine Zukunft zu gestalten?

Meine Eltern trennen sich. Dieses Familienband scheint auch etwas in mir zusammengehalten zu haben. Etwas bricht auseinander, nicht nur ein Familiensystem, sondern auch ein tragendes Gerüst in mir. Statische Spannung, die sich viele Jahre lang aufgebaut hat, mündet in Im- und Explosionen. Es wird geweint und geschrien, geliebt und gehasst, gerungen und geschwiegen. Eine Wirklichkeit, die schon lange nicht mehr real gewesen war, kann losgelassen werden. Ein Zustand der Lähmung geht in eine Bewegung über und das fühlt sich mehr nach Leben an, trotz des ganzen Schmerzes. Ich habe vorher nie gelernt, wie man etwas loslassen kann, was einen kleinhält. Es ist ein Moment der Transformation, fragil und kurz, und er kippt schnell; in Ängste, Neid und den Verlust von Liebe. Die letzte kindliche Gewissheit fällt endgültig weg: dass Erwachsene am besten wüssten, wie man sich in dieser Welt verhält. Ihre größere Lebenserfahrung wird dadurch wettgemacht, dass sie so viel mehr haben, was sie verlieren könnten und um das sie kämpfen müssen.

Ich beginne, Ethnologie zu studieren, wie meine Mutter 20 Jahre zuvor, weil ich verstehen will, wie menschliches Zusammenleben funktionieren kann. Willst du denn wieder ein Mensch sein?, fragt das Spiegelbild. Ich starre es an, es wird immer größer und größer. Du musst eine Seite wählen, sagt es, Mensch oder Erde? Und auch die Scheidung will, dass eine Seite gewählt wird: Mutter oder Vater? Die Welt schreit, Aktivistin oder keine Aktivistin, was bist du? Es gibt kein Grau mehr, in dem ich verlaufe, sondern nur noch Schwarz und Weiß, das mich zerreißen will. So wie Ohnmacht alles in einem Grau verschwimmen lässt, kann der Hass nur Schwarz und Weiß sehen. Es müssen Seiten gewählt und Rollen erfüllt werden. Aber die Rollen passen alle nicht, ich bin zu träge, zu breit, zu düster, und zu schwach. Ich will mir neue Rollen schneidern, aber mir fehlt die Energie dafür.

Wenn die Wut kommt, dann nur an manchen Tagen, wegen unwichtiger Dinge. So als traue sie sich nur ans Tageslicht, wenn ich Milch verschütte oder mir jemand beim Fahrradfahren die Vorfahrt nimmt, aber nicht, wenn die Politik eine Entscheidung gegen meine Zukunft trifft. Sie explodiert dann auf einen Schlag in meinem Bauch und bläht ihn auf, bis er ganz hart ist. Sie schreit und schlägt um sich und sucht nach jemandem, an dem sie sich entladen kann. Sie sieht die Ungerechtigkeit in der Welt, aber sie findet keine Schuldigen. Um mich herum sehe ich nur Menschen, die ihre kleinen Gründe haben und ihre großen Schwächen mit sich herumtragen, und letztlich doch ihr Bestes versuchen. Ich sehe müde Eltern und unsichere Kinder, resignierte Nichtstuer*innen und optimistisch Nichthandelnde, und dahinter das System, das schuld sein soll. Aber wie soll die Wut es erreichen, ohne die Menschen darin zu verletzen? Die Wut sucht weiter. Und schlägt schließlich in Hass um.

Wieder stehe ich vor meinem Spiegelbild. Es ist etwas,

an dem der Hass Halt findet. Der Hass lässt keine Differenzierung zu. Er sieht keine Feinheiten mehr, sondern nur einen groben Körper. Eine Masse, die ihre Umgebung verschluckt. Der Körper ist schuld, sagt der Hass. Einfach weil er immer da ist. Weil er stark aussieht und deshalb alle glauben, dass auch ich stark sein muss. Aber ich will schwach sein dürfen. Ich will keine Verantwortung tragen. Der Körper ist schuld, sagt der Hass.

Das mit der Wut ist so eine Sache. Sie kann Dinge verändern und Menschen zusammenbringen, die ein gleiches Unrecht sehen. So wie 2019, als angeführt von Fridays for Future weltweit Millionen für Klimaschutz und -gerechtigkeit auf die Straße gingen und dies seitdem immer wieder tun. »Wut und Ärger erfüllen wichtige Funktionen, denn sie können uns zum Handeln motivieren und gegen Ungerechtigkeiten aktiv werden lassen. Sie sind damit vielleicht das wichtigste Antriebsmoment der Klimabewegung«,[1] schreibt Psychologists for Future. Wut kann über tiefer liegende Gefühle wie Angst und Trauer hinwegtäuschen; sie ist die Gegnerin der Lähmung. Fridays for Future hat in den letzten Jahren mehr für den Klimaschutz bewirkt als alle anderen politischen Akteure zusammen. Die Bewegung hat die Dringlichkeit des Themas ins Bewusstsein der Öffentlichkeit geholt und Tausenden von Menschen ein Forum gegeben, sich auszutauschen, sich zu vernetzen und ins Handeln zu kommen. Natürlich nicht nur aus Wut.

---

1 Dohm / Schulze: *Klimagefühle*, S. 90.

Dennoch spüre ich die Wut und den Ärger aus den Parolen und auf den Plakaten, wenn ich mit den Menschenmassen freitags durch die Straße ziehe. »Wir sind hier, wir sind laut, weil ihr uns die Zukunft klaut!«

Aber Wut ist auch ein körperlicher und emotionaler Kampfmodus, der in der Suche nach den Verantwortlichen der Ungerechtigkeit hängen bleiben und in Verbitterung und Irrationalität enden kann.[2] Und irgendwann auch in Hass. Wut kann einzelne Gruppen verbinden, aber sie vereinfacht auch immer. Sie kann den Blick darauf versperren, was ihre Auslöser waren und welche anderen Gefühle unter ihr liegen; Gefühle, die meist schambehafteter, gruppenungeeigneter und verpönter sind als die Wut: Angst, Trauer, Scham, Ohnmacht.[3] »Werde halt wütend und verändere was!« Wie oft wurde das meiner Ohnmacht an den Kopf geworfen. Wir brauchen die Veränderungsenergie der Wut, denn unser Überleben hängt von ihr ab. Wir brauchen sie für den Protest, um unsere Zukunft zu retten. Wir brauchen sie als Emotion, die Spannung entladen kann. Ich bin nicht gegen die Wut. Aber ich glaube, dass sie manchmal überschätzt wird. Sie hat mir keine emotionale Zuflucht geboten, als ich eine gebraucht habe; sie kann nur gegen Ungerechtigkeit und Hilflosigkeit helfen, nicht aber gegen Angst. Die Angst macht die Wut wirkungslos. Die Wut möchte verändern und ausbrechen, während die Angst in ihrem unendlichen Sicherheitsbedürfnis nach Geborgen-

---

2 Dohm / Schulze: *Klimagefühle*, S. 101.
3 Ebd., S. 91.

heit und Konstanten sucht, nicht nach Wandel. In meinen Angstphasen habe ich wieder und wieder dieselben Kinderbücher gelesen, keine Anleitungen zum Widerstand. Gegen berechtigte Angst hilft nur differenziertes Betrachten der Realität, und darin ist die Wut nicht gut. Die Wut sucht kurze Wege, schnelle Entladung und einfache Moral. Sie will handeln, jetzt sofort, und nicht in die Zukunft denken. Und so verliert sie sich in den komplexen Zusammenhängen unserer Welt manchmal an den falschen Enden. Bei mir zum Beispiel in dem, was immer da ist: dem Körper.

Wir Menschen verbrauchen zu viel. Wir verbrauchen mehr, als wir benötigen, und mehr, als die Erde hergibt. 2023 war der Earth-Overshoot-Day, der Tag, an dem die Menschheit alle natürlichen, für dieses Jahr verfügbaren Ressourcen aufgebraucht hat, bereits am 2. August. Wir essen zu viel, wir werfen zu viel weg, wir kaufen zu viel, wir stoßen zu viel aus. Ich trage Schuhe in Größe 44, aber mein ökologischer Fußabdruck bedeckt die ganze Erde. Ich muss kleiner werden, denke ich. Ich muss weniger hinterlassen. Ich fliege nicht mehr. Ich kaufe meine Klamotten fast nur noch secondhand. Ich ernähre mich vegan. Auch Kaufentscheidungen können den Markt beeinflussen. Aber meine Kaufentscheidungen sind in ein globales Marktsystem eingebettet, das ich kaum überblicken kann. Ich kann kleine Impulse setzen, die zwar wichtig sind, aber keine direkten Auswirkungen haben. Die Wut will jemanden anschreien können, und die Angst braucht mehr Kontrolle. Ich muss kleiner werden, um weniger zu verbrauchen. Und größer, um mehr zu bewirken.

Ich fange an zu zählen. Das ist naheliegend, denn wir schreiben überall Zahlen drauf. So viele, dass sich ihre Bedeutungen mit der Zeit in meinem Kopf vermischen. Als Deutsche verbrauche ich pro Jahr durchschnittlich 10,5 t CO_2.[4] Das Klimaziel: unter 1 t pro Jahr zu gelangen. In einem Apfel stecken circa 125 l Wasser, bis er ausgereift ist. 100 g Apfel enthalten 52 Kalorien. Eine junge Frau sollte im Schnitt 1900 Kalorien pro Tag zu sich nehmen. Der BMI sollte zwischen 23,1 und 24 liegen. Ich fange an, mein Essen zu wiegen, um es mit den Zahlen auf den Verpackungen zu vergleichen. Dann halbiere ich meine Kalorienzufuhr.

Das ist wirklich dumm, sagt etwas in mir. Was hat deine Kalorienzufuhr mit dem CO_2-Ausstoß zu tun? Und wie sollte ihre Reduktion irgendwelche familiären Probleme lösen können? Ich bin die Älteste, ich sollte schlichten und trösten. Ich sollte auch mehr demonstrieren gehen, lasst endlich die scheiß Kohle im Boden.

Ich reduziere um weitere 200 Kalorien. Und noch mal um 200. Da ist ein Gefühl von Macht in mir, das ich lange nicht mehr gespürt habe. Hör auf damit, sagt etwas. Aber der Hass hat sich festgebissen. Die Wut auf alles Menschliche lässt keine Rationalität mehr zu. Ich will kein Mensch mehr sein. Es gibt keine Jahresziele mehr, keine Emissionsziele, denn so weit denkt der Hass nicht. Nur noch Wochenziele, die auf der Waage angezeigt werden. Direkt

---

4 https://www.bmuv.de/media/kohlenstoffdioxid-fussabdruck-pro-kopf-in-deutschland.

ablesbar, eindeutig. Etwas in mir hat den Weg des Protestes gefunden und marschiert mit einem ganzen Heer durch meinen Körper. Etwas hat sich von der Realität verabschiedet und errechnet sich eine neue Wirklichkeit, die auf Hass und den Zahlen auf meiner Waage beruht. Je weniger ich esse, desto größer wird mein Spiegelbild. Nur die Zahl auf der Waage wird kleiner.

In den ersten Wochen schmerzt der Hunger noch. Er schneidet und drückt in mir, aber die neue Kontrolle ist so viel stärker. Das Machtgefühl berauscht. Ich darf nicht aufgeben. Ich muss weiterkämpfen. Wir müssen immer weiterkämpfen, für die Welt. Endlich habe ich den Kampf gefunden, in dem ich mich nicht fehl am Platz fühle. Endlich drücke ich das aus, was in mir vorgeht. Das ist Selbstwirksamkeit, denke ich. Die Verwirklichung meiner Selbst – Kraftlosigkeit.

Nach ein paar Monaten isst der Hunger alle Gefühle in mir auf, und dann sich selbst. Es ist eine riesige Erleichterung, nichts mehr fühlen zu können. Die Leere ist dieses Mal nicht lähmend, sondern schwindelig, leicht. Wenn da nicht diese Stimme wäre, die ununterbrochen in mir schreit. Dass ich zu dick bin. Dass meine Freunde mir heimlich Öl in den Salat mischen. Dass alle mich hassen. Dass alles gut wird, wenn ich noch weniger esse. Ich muss einfach noch weniger essen. Ich halte meinen Körper umklammert und fühle mich langsam endlich so klein, wie ich tatsächlich von innen sein muss. Kaum noch Muskeln, kaum Fett. Keine Stärke, keinen Genuss, keine Widerstandskraft, die er noch zeigen könnte. Doch das

Spiegelbild wird weiter größer. Aber ohne Antworten zu geben.

Die Antwort kommt schließlich nicht vom Spiegelbild, sondern von meinem Körper. Der Körper will nicht sterben und bekommt Todesangst. In Wellen überrollt sie mich, immer wieder, über Wochen. In der Panikattacke entrücke ich der Realität noch mehr, in der Überzeugung, sofort zu sterben. Aber in der sanfteren Angst danach komme ich minutenweise zu mir. Ich kann nicht sagen, warum. Weil die Angst manchmal zeigen kann, was wirklich existenziell ist?

Ich setze mich in die Februarsonne, die durch mein Fenster scheint. Der ganze Herbst und Winter bestand aus Nicht-Essen, dunklen Tagen und Regen. Aber diese erste Sonne des Jahres wirft ein anderes Licht als das über dem Badezimmerspiegel auf meinen Körper, und ich habe das Gefühl, zum ersten Mal seit Monaten wirklich auf mich selbst blicken zu können. Ein Teil von mir weint und weint, weil ich mich selbst so hasse und verachte und das nicht begreifen kann. Ein Teil von mir erstickt an dem, was inner- und außerhalb von mir ist, und will immer weiter betäubt werden. Ein Teil von mir hat Todesangst, weil er über meine Arme streicht und fühlt, wie ich mich langsam auflöse. Und in diesen Spannungen und Ungewissheiten, diesem inneren Grauen, klammere ich mich noch mehr an die Struktur und die Routine des Nicht-Essens. Weil es sich so anfühlt, als würde die Welt gänzlich zerfallen, wenn ich dieses letzte Gerüst in meinem Leben aufgebe. Ich habe keine Kraft mehr, um aus dem Teufelskreis auszubrechen.

Denn der Selbsthass nach dem Essen ist so viel kräftezehrender, als einfach nichts zu essen. Als auf dem Teppich zu liegen und im Hunger zu versinken. Aber während der Frühling um mich herum langsam erwacht, richtet sich ein letzter Teil in mir auf und macht sich auf die Suche nach Hilfe.

»Hallo, Frau Steingäßer. Schön, dass Sie da sind! Wie geht es Ihnen heute?«

Ich mache mich in dem großen Sessel noch kleiner, die Arme um den Körper geschlungen, die Beine überkreuzt. Die Frau, die mir gegenüber sitzt, hat rote Haare und Tattoos auf ihren Armen. Von ihrem Oberarm schaut mich das Mädchen mit dem Perlenohrring aus großen Augen an. Mein Blick fällt durch das Fenster auf kahle Baumkronen und einen kaltgrauen Himmel. Der Frühling beginnt in Wendgräben, Sachsen-Anhalt.

»Es geht?« sage ich unsicher, wie eine Frage. Sie lächelt.

»Frau Steingäßer, wir haben Ihre Diagnostik beendet. Dass Sie an einer Essstörung leiden, war ja bereits bei Ihrer Einweisung klar. Es hat sich nun aber herausgestellt, dass Sie sich auch in einer sehr schweren Depression befinden.«

Ich starre die Wand hinter den roten Haaren an. Da hängt ein Bild von einer Frau, die in einen mondbeschienen See springt.

»Erschreckt Sie diese Tatsache?«

Ich kann sie nur ganz kurz anschauen, bevor ich ihrem Blick wieder ausweiche. Ich kann anderen Menschen schon lange nicht mehr richtig in die Augen blicken.

»Ich weiß nicht. Ich glaube nicht, dass das stimmt.«

»Wie kommen Sie darauf?«

»Dafür müsste es mir doch viel schlechter gehen, oder? Ich meine, ich bin ja noch rausgegangen. Ich glaube nicht, dass ich krank bin. Es gibt ja auch keine Ursachen dafür.«

»Frau Steingäßer, wissen Sie, dass das ein häufiges Symptom Ihres Krankheitsbildes ist? Es ist ganz typisch, davon überzeugt zu sein, keine Hilfe zu brauchen und besonders keine zu verdienen.«

Ich schweige. Ich weiß nicht, was ich darauf erwidern soll. Sie wird mich nicht verstehen. Niemand versteht mich.

»Der Punkt ist, dass Sie Ihrem Kopf nicht alles glauben dürfen. Nehmen wir mal Ihre Magersucht. Was denken Sie, wenn Sie in den Spiegel schauen?«

Ich will nicht antworten. Ein Schwarm Vögel fliegt am Fenster vorbei.

»Ich bin fett«, sage ich leise. Ist das Mitleid in ihrem Blick? Bestimmt gibt sie mir heimlich recht.

»Und was sehen Sie, wenn Sie auf der Waage stehen und Ihren BMI ausrechnen, wie Sie das seit Monaten machen?«

Ich schlucke. Etwas kann mit der Waage nicht stimmen. Mit allen Waagen, die ich ausprobiert habe.

Sie nickt, als würde mein Schweigen ihr etwas bestätigen.

»Sie leiden an einer Körperschema-Störung. Das bedeutet, dass Sie Ihren Körper anders wahrnehmen, als er in Wahrheit aussieht. Sie sind stark untergewichtig, aber die Störung macht Ihnen weis, dass Sie zu dick seien. Genauso erzählt Ihnen die Depression, dass Sie zu verachtenswert sind, um Hilfe annehmen zu dürfen, habe ich recht?«

Sie kann nicht recht haben.

»Sie sind krank, Frau Steingäßer. Und Sie haben die Hilfe verdient, die Sie brauchen. So wie Sie sie auch jedem anderen Menschen zugestehen würden. Wollen Sie wieder gesund werden? Anders kann unsere Arbeit nämlich nicht funktionieren.«

Mein Körper tut weh, schon so lange. Etwas steigt wieder in mir hoch, Druck und Angst. Ich nicke nur.

»Sehr gut.« Sie macht eine Pause. »Frau Steingäßer, das wird sehr anstrengend. Als Erstes werden wir versuchen, Ihr Gewicht und Ihre Depression in den Griff zu kriegen.«

Sofort laufen Tränen über mein Gesicht, unkontrollierbar. Ich will leben, aber ich will nicht zunehmen. Auf keinen Fall. Die Angst droht meinen Brustkorb zu sprengen.

»Ich weiß, wie schwer das ist. Aber ich sage es ganz klar: Sie müssen zunehmen. Sonst müssen wir Sie in eine andere Klinik überweisen, damit Sie künstlich ernährt werden. Aber ich mache Ihnen einen Vorschlag. Sie müssen anfangs nicht um Ihretwillen essen, auch wenn das unser langfristiges Ziel ist.«

Vielleicht versteht sie mich doch ein bisschen.

»Aus welchen Gründen wollen Sie gesund werden? Für welches Ziel? Warum sind Sie hier?«

Ich überlege lange. Ich denke zurück an die Tage in einer kleinen Wohnung, an die sanfte Angst nach der harten Panik, und an einen Überlebenswillen, an dem mein Körper immer noch festhält. Ich denke an die Menschen, die an jenem frühen Morgen mit mir vor einem Bus standen und zum Abschied gewunken haben.

»Ich will eine große Schwester sein können.« Das klingt laut ausgesprochen noch kitschiger als in meinem Kopf. Aber dem Ernst der Situation ist Kitsch egal. Ich will nicht an dieser Krankheit sterben. Ich will warm und liebevoll sein, lebensfreudig und geduldig. Ich will weiche Umarmungen geben. Ich will ein Mensch für die Erde sein. Und für andere Menschen. Und vielleicht irgendwann auch für mich.

Ich glaube, man muss sich fragen, wer man gewesen sein will, wenn man aufbricht.

Es ist schwer, Worte über die Zeit in der Klinik zu finden. Durch mein offenes Fenster höre ich nachts die Wölfe heulen. Ich liege wach, weil meine Gedanken mich weniger schlafen lassen, je größer meine Erschöpfung ist. Junge Knospen drücken sich durch Rinden, aber ich darf den alten Steinbau in den ersten Wochen nicht verlassen, weil mein Körper zu schwach ist. Ich darf auch keine Treppen steigen, sondern muss immer mit dem Aufzug das Stockwerk zu meinem Zimmer hochfahren. Diese Zeit gehört nur mir, aber ich verfüge nicht über sie. Ich habe mich in fremde Hände und Tagesabläufe begeben, weil ich alleine nicht mehr auf mich aufpassen konnte, obwohl ich 21 Jahre alt bin. Und jetzt werde ich jeden Morgen von fremden Menschen gewogen. Die Zahl wird auf einen Zettel geschrieben, ins Pflegezimmer gebracht und dort in eine Tabelle übertragen.

»Ich vertraue Ihnen, aber ich vertraue der Stimme in Ihrem Kopf nicht«, sagt meine Therapeutin. »Es ist wichtig, dass Sie verstehen, dass nicht Sie für diese Situation verantwortlich sind, sondern Ihre Erkrankung. Unser Ziel ist, dass Sie wieder stärker sind als diese innere Stimme, aber das braucht Zeit.«

Es ist so schwer, den eigenen Gedanken nicht mehr zu glauben, wenn einem jahrelang beigebracht wurde, auf sie zu hören, und die Gesellschaft, in der man aufgewachsen ist, alles auf Rationalität setzt. Die Wirklichkeit in meinem Kopf, die so lange mein Schutzraum war, soll ich jetzt einfach so loslassen. Damit die Zahlen auf der Waage irgendwann keine Bedeutung mehr haben.

»Es geht darum, zu verstehen, dass die Strategie der Essstörung überlebenswichtig für Sie war, weil Sie keinen Ausweg aus Ihrer Depression finden konnten und Ihre Vergangenheit nicht verarbeitet haben. Aber diese Strategie bedroht Sie jetzt, und es ist an der Zeit, ihr zu danken, sie zu verabschieden und sich neue Strategien anzueignen.«

Das erinnert mich an etwas, das ich vor ein paar Jahren in Harald Welzers Buch *Selbst denken* gelesen habe.[5] Anknüpfend an Jared Diamonds Analyse des Kollapses von Gesellschaften zieht er das Fazit, dass immer dann, wenn eine Gesellschaft realisierte, dass ihre Überlebensbedingungen heikel wurden, die alten Methoden nicht verändert, sondern intensiviert wurden. Die grönländischen Wikinger beraubten sich selbst ihrer Lebensgrundlagen, indem sie das Land überweideten und abholzten, anstatt sich an den Techniken der Inuit zu orientieren, die seit Jahrhunderten auf dieser Insel lebten – mit dem Ergebnis,

---

5 Harald Welzer: Selbst denken. Eine Anleitung zum Widerstand, S. 14 f.

dass die Wikinger, die sich auf Grönland angesiedelt hatten, wieder von der Insel verschwanden.[6] Genauso verhält es sich in unserer kapitalistischen, modernen Welt. Wir wissen, dass unsere Art zu leben nicht zukunftsfähig ist, aber anstatt sie aufzugeben, klammern wir uns noch mehr an sie, setzen noch stärker auf technische Lösungen, auf Konsum, auf Märkte. Anstatt anzuerkennen, dass wir eine neue Taktik, eine neue Lebensweise, erlernen müssen. Das ist wirklich einfach nur dumm, dachte ich damals. Wie kann man einer so simplen Einsicht nicht einfach folgen? Es ist doch klar, wie man sich entscheiden muss, wenn das eigene Überleben auf dem Spiel steht?

Inzwischen habe ich mehr Verständnis. Denn in dieser Klinik am Waldrand zu sitzen und zu akzeptieren, dass meine Überzeugungen und meine Strategien, in der Welt zurechtzukommen, zum Scheitern verurteilt sind, ist das Beängstigendste, was ich je erlebt habe. Es bleibt doch nur das Festhalten an alten Überzeugungen, wenn man keinen Weg nach vorne sieht, oder? Wie soll ich dieser Angst der Ungewissheit ins Auge blicken können? Ich habe meinen Kopf immer für einen sicheren Ort in dieser unsicheren Welt gehalten, einen Ort des Fortträumens, der Vertrautheit und Sicherheit. Meine Gedanken waren immer für mich da. Aber jetzt stellt sich heraus, dass das Gegenteil der Fall ist und mir nichts anderes übrigbleibt, als Menschen, die ich nicht kenne, zu vertrauen, wenn ich meinen

---

6 Jared Diamond: *Kollaps. Warum Gesellschaften überleben oder untergehen*, S. 334 f.

Körper nicht verlieren will. Dabei sind Menschen doch das Problem, oder nicht? Sie sind es, die die Welt zerstören. Die weniger privilegierte Gruppen ausbeuten. Die ihr Leben einfach nicht verändern können. Die mir diese Schönheitsideale gegen meinen Körper aufgebürdet haben. Die mir nachts Albträume bescheren.

Ich sitze mit sechs fremden Menschen in einem Stuhlkreis. Zweimal die Woche treffen wir uns zur Gruppentherapie. Zu meinem Entsetzen müssen wir alle jedes Mal erzählen, wie es uns zurzeit geht, was uns gerade belastet oder hilft. Wir sind nicht nur ein bunter, sondern auch ein kaputter Haufen unterschiedlichster Altersstufen, Geschlechter, Hintergründe und Diagnosen. Manche weinen viel, andere schweigen, einer kippelt oft mit dem Stuhl. Ich habe Angst vor ihnen allen; vor dem, was sie über mich denken könnten, was aus ihnen herausbrechen kann, was sie mir wohl vorwerfen werden. Der Therapeut trägt Glatze und Brille und leitet mit ruhiger, wissender Stimme und beobachtender Gelassenheit das an, was zwischen und in uns passiert. Ich höre in den ersten Sitzungen vor allem zu. Einige sind schon lange hier, und wir anderen lernen von ihrer Erfahrung. Nach der Gruppentherapie kann ich meinen Körper oft gar nicht mehr fühlen, so schockiert bin ich von den Geschichten, die die anderen erzählen. Ich verstehe nicht, warum ich mit diesen Schicksalen konfrontiert werde und wie mir das helfen soll. Nach den anderthalb Stunden geht es mir schlechter, nicht besser. Weiß ich denn nicht schon zu genüge, wie grausam Menschen miteinander umgehen können? Bin ich nicht deshalb hier? Meine Therapeutin sagt, ich solle mich darauf einlassen, dem Ganzen Zeit geben. Mich öffnen und gleichzeitig lernen, bei mir zu bleiben. Ich bin wie ein Schwamm, der die Gefühle der anderen aufsaugt, bis ich mich selbst nicht mehr spüren kann.

Nach ein paar Wochen verändert sich etwas. Vielleicht, weil ich langsam in diesem Haus am Wald ankomme, mein Körper stärker wird oder mir die Gesichter und Eigenarten meiner Mitbewohner*innen langsam vertraut werden. Ich fange an, zu erzählen, von der Scham und der Schuld in meinem Inneren, von der Stimme in meinem Kopf, und von Dingen, die ich getan und nicht getan habe. Zu meiner Überraschung werde ich nicht ausgegrenzt oder verachtet, wie mir die Stimme in meinem Kopf weismachen wollte. Sondern aufgefangen. Da ist Magalie, die mich umarmt und mir zuflüstert, dass es okay ist. Dass ich selbst noch ein Kind war. Da ist Johanna, die immer an meiner Seite bleibt, wissend, dass wir dasselbe erleben, und mit der ich lachen kann, wenn wir eigentlich nur noch weinen wollen, weil die Stimmen in unseren Köpfen keine Ruhe geben. Da ist Felix, der mich Schwesterherz nennt und mit mir stundenlang durch die leere Landschaft fährt, damit wir uns einen Kaffee bei McDonalds holen können. Und da ist Sonja, die dieselben Worte spricht wie ich und mir Sicherheit gibt, wenn wieder alles auseinanderbrechen will. Menschen können sich gegenseitig verletzen, und das Entsetzen darüber weicht nie. Aber Menschen können sich auch gegenseitig heilen und miteinander wachsen, und das dürfen wir in dieser Gruppe lernen.

Trotzdem ist nichts einfach oder geradlinig. Zwischenmenschliche Beziehung sind komplex. Wenn man nicht verhärten will, muss man lernen, mit dieser Komplexität umzugehen. Ein Mensch unter Menschen zu sein, wie das Motto unseres wöchentlichen Forums erinnert, ist oft harte Arbeit. Misstrauen, Neid, Angst und Hass wollen immer wieder verarbeitet und überwunden werden.

In einer unserer Gruppen-Feedback-Runden schaut mich eine Mitpatientin eines Tages an und sagt: »Du bist einfach so lieb, Paula. Vom ersten Moment an fand ich dich so nett. Dein Lächeln ist ansteckend, wenn du es mal zeigst.« Der Rest der Runde nickt. Ich murmele ein Danke; nicht nur, weil ich wie sonst verlegen bin, sondern weil in meinem Selbstbild etwas zusammensackt. Ich habe vor diesen Menschen in den letzten Wochen mein Innerstes ausgebreitet, und sie finden mich vor allem: nett. Nicht mutig, nicht stark, nicht tapfer. Das Erste, was sie mit mir assoziieren, ist mein liebes Lächeln.

Ich kann zuerst nicht sagen, warum mich das so trifft. Ich laufe zwei Stunden durch den Wald, wütend, enttäuscht und voller Scham, und will niemanden sehen. Ich fühle mich selbst nicht gesehen. Da ist eine Angst in mir, seit Jahren in einer Identitäts-Sackgasse zu stecken und es erst heute zu bemerken. Als hätte ich versucht, etwas zu leben, was ich nicht bin, und alle außer mir selbst haben es durchschaut: dass ich eine Heuchlerin bin. Ich setze mich auf einer Lichtung ins Moos. Um mich herum ist nichts zu hören außer das Zwitschern der Vögel, das Rauschen des Windes und das Rascheln kleiner Tiere im Unterholz.

Und ich verstehe etwas. Ich verstehe, dass ich immer geglaubt habe, dass ich vor allem eine Kämpferin sein muss, hart und selbständig. Dass ich in der Welt nur eine Rolle spielen kann, wenn ich laut und stark bin. Weil nicht nur unser Wirtschaftssystem, sondern auch unser Überleben als Gesellschaft von dieser Art Mensch abhängt. Von den Mutigen, von den Lauten, von denjenigen, denen die Meinung anderer über sie egal ist. Deshalb fühlt es sich wie ein Versagen an, als lieb und weich, leise und zart angesehen zu werden. Deshalb muss mein Körper hart und dünn und effizient aussehen, damit mir meine Rolle abgenommen wird, die Rolle der Kämpferin. Damit niemand sieht, was ich eigentlich verstecken möchte. Ich bin zwar auch eine Kämpferin – wer ist das nicht? –, aber ich bin auch weich. Ich *bin* lieb. Ich bin leise. Ich bin stolz darauf. Und meine Wirksamkeit in der Welt werde ich nur finden, wenn ich das endlich anerkenne. Ich stehe auf und mache mich auf den Weg in den zärtlichen Widerstand.

Ich stehe wieder vor meinem Spiegelbild. Ich mag immer noch nicht alles an meinem Körper. Die Hüfte ist zu breit, die Beine zu kräftig, die Wangen zu weich. Aber ich mag das Lächeln in meinen Augen. Dieser Körper hat mich durch jede Minute meines Lebens getragen. Er hat die Umarmungen der Menschen gespeichert, die ich hier zurücklasse, und derer, zu denen ich zurückkehre. Der Körper lügt nicht. Er will einen Weg finden, zu leben. Und er will aufbrechen in das, was kommt. So, wie er ist.

Haare

Die letzte Woche meiner Zeit in der Klinik ist angebrochen, und es dämmert langsam, während Magalie auf der Mauer im Garten neben mir sitzt. Mian reicht mir die Schere, und ich zögere nur kurz. Das Ritsch-Ratsch der Schere vermischt sich mit dem Rauschen der Buchenblätter. Lange, braune Strähnen fallen zu meinen Füßen ins Gras. Der Abend fühlt sich warm an, es ist Ende Juni. »Bist du sicher?«, fragt Magalie. Ich nicke. Mian setzt den Rasierer an meinem Nacken an. Das Gerät fährt vibrierend meinen Hinterkopf entlang. Nach zwei Minuten ist es vorbei. Magalie und Mian schauen mich an, ein Leuchten in ihren Augen. »Und?«, frage ich. Sie lächeln nur. Ich fahre mit den Händen über meinen stoppeligen Kopf. Ich spüre jeden Windhauch auf meiner Kopfhaut. Mein Körper scheint sich mit einem neuen Sinn mit der Welt zu verbinden, so als würde jede Brise durch meinen kahlen Kopf direkt in mein Innerstes wehen. Es ist das reinste Glücksgefühl. »Warte, bis es das erste Mal regnet«, grinst Mian mich an, ihre kurzen pinken Haare strahlen in der Abendsonne. Gemeinsam spazieren wir zurück zum alten Steinbau der Klinik. »Bald fahre ich nach Hause«, sage ich in die Nacht hinein.

Am nächsten Tag laufe ich durch dieselben Flure wie die letzten sechs Monate, doch die Menschen in ihnen reagieren anders auf mich. »Ich bin sprachlos«, sagt Lukas von der Pflege, und ich sehe es in seinen Augen. »Nein! Wo sind denn deine schönen Haare hin?«, fragt Frau B. von der Rezeption entsetzt, und ich muss grinsen. Es lässt sich aufrechter gehen, wenn kein Gewicht den Kopf nach unten zieht. Ich hätte nie gedacht, wie groß der Unterschied zwischen dem Träumen und dem Ausleben von Ideen ist. Seit dem Beginn meiner Pubertät habe ich mir immer nur Veränderungen ausgemalt, aber nie den Mut gehabt, sie auch tatsächlich umzusetzen. In meinen Vorstellungen hatte sich mein Aussehen oder Verhalten immer nur in einem isolierten Raum abgespielt, der höchstens von negativen Kommentaren anderer Menschen gestört wurde. Wie unterschiedlich und doch hauptsächlich positiv meine Mitmenschen mich nun wahrnehmen, hätte ich mir nie erträumen können. Ich habe nicht nur mich verändert, sondern auch etwas in meiner Umwelt: Ich inspiriere manche und verschrecke andere. Ich lerne meine Mitmenschen durch ihre Reaktionen ganz neu kennen. Die Atmosphäre unserer Beziehungen ändert sich, und es fühlt sich lebendig an.

Die Entlassungsprozedur erstreckt sich über die letzte Woche meines Klinikaufenthaltes: Mein Körper wird wieder einmal gewogen und gemessen, Werte werden bestimmt und Fazits gezogen. Er muss genau dokumentiert werden, bevor ich ihn wieder ganz zurückbekomme. Meine Therapeutin und ich verfassen einen Vertrag, damit mir das Essen auch zu Hause nicht zu schwer fällt. Ich suche nach Studienplätzen und WG-Zimmern und schreibe einen Essensplan für die kommenden Wochen. Meine Hunger- und Sättigungsgefühle kommen zwar allmählich wieder zurück, sind aber noch nicht verlässlich genug. Mein Koffer ist gepackt, die Abschiedskarten geschrieben. Der Tag meiner Abreise rückt immer näher, und neben all dem, was noch besprochen und vorbereitet werden muss, komme ich nur in meinem kleinen Zimmer unter dem Dach zum Durchatmen und Nachdenken.

Wie so oft in den letzten Monaten stehe ich vor dem hässlichen Spiegel in dem kleinen Badezimmer. Welche Angst ich vor den Stoppeln gehabt habe und davor, mich nicht mehr hinter meinen langen Haaren verstecken zu können. Aber ich habe mir selbst einen Mutvorschuss gegeben. Und mein Körper hat den Mut übernommen. Er lächelt. Dennoch verstehe ich etwas an dem Bild noch nicht. Ich weiß, dass Anorexia nervosa ein Ausdruck dafür ist, dass im Gesamtsystem – zum Beispiel der Familie – Spannungen herrschen, nicht nur in dem Menschen, der erkrankt ist. Ich weiß, was in meiner Vergangenheit passiert und nicht passiert ist. Ich habe monatelang meine Geschichte und mein Gewicht aufgearbeitet, und ich weiß, wie ernst alles war. Aber trotzdem. Warum ist der Körper zum Ventil geworden? »Du siehst androgyn aus, mit deinen neuen Haaren. Das steht dir«, sagt Lukas, als ich meine Medikamente im Pflegezimmer abhole. Ich lächele, aber nicht so sehr wegen des Komplimentes, sondern mehr wegen einer Erkenntnis, die sich in mir ausbreitet: Es ist mir in diesem Moment relativ egal, was andere Menschen über meine Frisur denken. Sie ist seit Jahren das Erste, was ich nicht für mein Erscheinungsbild, sondern für mein Körpergefühl getan habe. Und das ist eine erschreckend neue Erfahrung. Viel zu lange konnte ich mich nur durch die Blicke der anderen wahrnehmen, ohne sagen zu können, was ich will. Mein Körper war eine Bewertungsfläche für das, was ich meinen Mitmenschen an Gedanken unterstellte. Ich gehe zurück in mein Zimmer, setze mich zwischen meine Koffer und google »androgyn«. Laut Duden bedeutet es »männliche und weibliche Merkmale aufweisend«. Ich blicke lange aus dem Fenster. Heißt das, dass ich mit meinen stoppeligen Haaren weniger »weiblich« aussehe als vorher? Meine Tage habe ich wegen des Untergewichts seit Monaten nicht mehr bekommen. Mein Gesicht trägt kantige und runde Züge, meine Kieferknochen sind ausgeprägt, die Augenbrauen dunkel, die Wangen weich. Ich fahre mit den Fingern über mein Gesicht, und weiter hoch zu meinen Haaren. Es fühlt sich gut an, scheinbar nicht mehr nur »feminin« auszusehen. Sich nicht mehr so eindeutig als das zu fühlen, was unsere Gesellschaft unter »Frau« versteht. Aber darf ich das? Will ich das? Was bedeutet das?

Damals in der Dusche, als ich vier Jahre alt war, habe ich es gesagt, erzählen meine Eltern immer wieder gerne: »Bin ich ein Mädchen, so wie ich auch bin, oder ein Junge wie mein Sinn?« Nach meiner pinken Phase im Kindergarten laufe ich nur noch in weiten T-Shirts und kaputten Hosen herum und will Fußballspieler werden. Nicht, dass es gar keine weiblichen Vorbilder gibt, aber ich empfinde sie damals als nervig, aufgesetzt. Ich prügele mich auf dem Schulhof und schlage mir gerne die Knie auf, weil das abenteuerlich aussieht. Ich bin stolz auf meine Körperkraft und auf den Respekt, den mir die Jungs für meine Sturheit entgegenbringen, auch wenn sie mich »brutale Frau« nennen. Das »Frau« stört mich. Ich kann mich nicht mit den Eigenschaften identifizieren, die mit diesem Begriff in meinem Umfeld transportiert werden. Ich finde es besser, brutal zu sein als schwach, denn Letzteres bedeutet offenbar nur, im Unterricht manchmal weinen zu müssen, sich die ersten BHs zu kaufen und für die eigene Oberflächlichkeit aufgezogen zu werden. Die Lehrer*innen loben mich für meinen Ehrgeiz und behandeln im Geschichtsunterricht nur die Biographien erfolgreicher Männer. Meine Brüste beginnen zu wachsen, als meine Eltern immer tiefere Sorgenfalten bekommen, wenn nach der Tagesschau über das Wetter geredet wird. Ich weiß nicht, ob mein Körper oder der Klimawandel schuld an ihrer Sorge ist. Beides fühlt sich falsch an, und beides muss in seiner fortschreitenden Veränderung aufgehalten werden. Nachdem meine Mutter Flüge nach Grönland gebucht hat, fahren wir zusammen in die Stadt, um mir Bustiers zu kaufen, die ich nicht anziehe. Mir wachsen schwarze Haare und dunkle Vorahnungen, und ich will nicht nur nicht erwachsen, sondern auch niemals eine Frau werden. Als in Tiniteqilaaq die Mittagssonne so warm scheint, dass wir zum ersten Mal draußen unsere Jacken ausziehen, fährt Orpa mit der Hand an meinen Brüsten entlang und lacht erstaunt. Ich schäme mich unglaublich.

Dann verliebe ich mich in Jungs aus meiner Klasse und meinen Reitlehrer und lerne, dass ich bei ihnen nur eine Chance habe, wenn ich so mädchenhaft bin wie möglich. »Ich mag Frauen mit kurzen Haaren nicht, sie sehen viel zu männlich aus«, sagt Sven. Ich lasse meine Locken wachsen. Mein Körper wird immer größer und weicher, und plötzlich wünsche ich mir, so zerbrechlich und zart zu sein wie manche meiner Freundinnen, nicht stark und männlich. Ich rasiere meine Beine und Achseln, obwohl das eine tägliche, nervige und schmerzhafte Angelegenheit ist. Ich habe mehr Behaarung auf meinem Körper als viele meiner Mitschülerinnen, und mein 15-jähriges Ich ist sich sicher, dass ich niemals eine Beziehung haben werde, weil ich zu spät damit begonnen habe, zu lernen, eine Frau zu sein. Trotzdem komme ich mit 18 mit meinem ersten Freund zusammen, als eine Gruppe Schüler*innen beginnt, jeden Freitag für das Klima zu protestieren. Es ist eine Zeit der Eifersucht, auf Exfreundinnen, Frühreife und Schönere. Viele der Leitfiguren des Klimastreiks sind junge Frauen. Sie scheinen mir unbeabsichtigt einen Spiegel vorzuhalten, in dem ich nur sehen kann, was ich nicht tue und welches Selbstbewusstsein ich nicht habe; denn sie unternehmen genau das, was ich seit Jahren von mir selbst verlange, aber nicht schaffe: Sie reden über Klimapolitik und Aktivismus. Ich schließe mich ihren Demonstrationen an, aber niemand erklärt mir, wie zur Hölle man lernen kann, sich als junge Frau auf eine Bühne zu stellen und wütende Sätze

in ein Mikrophon zu rufen. Ich kann noch nicht einmal
flüstern, wie ich gerne geküsst werden möchte. Wie soll ich
mich der Welt in irgendeiner Form zeigen, wenn ich noch
nicht einmal weiß, was diese Form sein könnte?

Je dünner mein Körper wird, desto weniger weiß ich,
wie ich mir selbst begegnen soll. Ich hatte als Kind diesen Menschen, deren ausgemergelte Hände an der Super-
marktkasse nur eine Flasche stilles Wasser eingepackt hatten, nur voller Beklemmung hinterhergeschaut. Es waren
fast immer Frauen gewesen, die für mich damals irgendwie gleich ausgesehen hatten, als wäre die Magerheit ihr
einziges Wiedererkennungsmerkmal gewesen. »Sie finden
sich zu dick, deshalb wollen sie noch mehr abnehmen.
Das ist eine Krankheit«, war mir gesagt worden, mehr
nicht. Und in mir hatte sich unbewusst ein Bild von dieser Krankheit festgesetzt, das eine skelettartige Frau zeigte,
der ihr Äußeres wichtiger als ihr Leben war. Ich verstand
die Widersprüche hinter diesem Bild damals nicht: Wie
können diese Menschen immer kränker aussehen, wenn
Schönheit das Allerwichtigste für sie ist? Warum werden
sie immer schwächer und kurzatmiger, wenn sie doch unbedingt einen sportlichen Körper haben wollen? Warum
denken sie nur über ihr Äußeres nach, und wollen es dann
doch verstecken? Vielleicht ist das einer der Gründe, wes-
halb ich zu Beginn nicht erkennen kann, dass ich selbst
magersüchtig werde. Denn das wenige, was ich über die
Krankheit weiß, stimmt nicht mit dem überein, was in
mir vorgeht. Niemand hat mich je darüber aufgeklärt, wie
komplex die Symptome sind, wie sehr sich Gefühle und

Gedanken ineinander verweben, wie individuell die körperlichen Veränderungen sein können. Ich habe nichts von dem Misstrauen gewusst, das mich jeden Tag weiter von allen entfernt, die mir helfen wollen, oder von dem Selbsthass, der mich bis in meine Zehen ausfüllt, bis ich nur noch schreien möchte. Dieser Selbstzerstörungswille und die damit verbundene Beklemmung hatte mein Umfeld schon früher daran gehindert, mit mir über diese Symptomatik zu sprechen. Jetzt kann ich nicht mehr trennen, wo meine Persönlichkeit aufhört und wo die Krankheit anfängt. Beide sprechen mit einer Stimme in meinem Kopf, während im Außen geschwiegen wird.

In den Wochen vor der Klinik beobachten mich meine Geschwister mit derselben Entfremdung, mit der ich damals diese Menschen betrachtet habe. Ohne dass ich es wollte, bin ich Teil einer Gruppe geworden, über die geschwiegen wird und die aus Menschen, aber nicht mehr aus Individuen zu bestehen scheint. Eine Anorektikerin von vielen. Mein Selbst entgleitet mir, und doch fühlt sich die Situation, in der ich mich befinde, in ihrer Dramatik absolut einmalig an. Ich kann mir nicht vorstellen, dass es anderen Menschen auch so geht. Und ich will es auch nicht. Ich wollte nicht mehr Teil »dieser Menschheit« sein; jetzt als Angehörige einer ganz bestimmten Gruppe gescheiterter Individuen angesehen zu werden, fühlt sich noch falscher an. Ich hoffe so sehr, dass in der Klinik niemand sonst eine Essstörung hat; ich will mir die Einmaligkeit meiner Erkrankung erhalten können, ohne dass mir jemand einen Spiegel vorhält, der mir zeigen könnte, wie ernst es tatsächlich um mich steht und wie strukturell das Problem zugleich ist.

Doch als ich in der Klinik ankomme und den Speisesaal zum ersten Mal betrete, sehe ich Johanna. Sie ist kleiner als ich, die Finger lang und schmal, die hellen Augen liegen in dunklen Höhlen. Aus ihnen blickt mich dieselbe Hilflosigkeit an, die auch ich spüre. Sie wispert ein »Hallo«, und ich flüstere eins zurück. Hier stehen wir nun: zwei junge Frauen, in unserem Wesen unkenntlich gemacht durch eine unsichtbare Kraft in unseren Köpfen, voller Sehnsucht nach Nähe und doch vereinzelt durch die Überzeugung, so viel dicker und wertloser zu sein als die andere. Ich glaube, dass Johanna genauso viel Angst vor mir hat wie ich vor ihr. Wir wissen beide genau, welche Abgründe in der anderen lauern, und gleichzeitig flüstert uns ununterbrochen eine leise Stimme ins Ohr, dass nur die andere wirklich magersüchtig sei. Dass man selber keine Berechtigung habe, hier zu sein, denn war das Spiegelbild nicht heute Morgen schon wieder 5 kg schwerer? Wir schweigen viel, wenn wir zusammen im Aufzug stehen und die Spiegel um uns herum nicht beachten wollen und wenn wir fünf Mal am Tag vor dem Speisesaal auf unsere Essensbegleitung warten. Wir haben bis vor ein paar Monaten studiert, alleine gelebt und große Träume geträumt, und jetzt schaffen wir es nicht ohne therapeutische Hilfe, den Kalorienshake auszutrinken, der vor uns auf dem Tisch steht. Als ich das erste Mal wieder in eine Scheibe Brot beiße und weinen muss, weil die Geschmacksexplosion auf meiner Zunge so überwältigend ist, lächelt mich Johanna verständnisvoll an. Ich stelle ihr schüchterne Fragen, um sie abzulenken, wenn ich neben ihr am Tisch sitze und sehe, wie ihre Gedanken sie wieder einkreisen. Wir werden Freundinnen.

»Es ist gut, dass Sie voneinander lernen können«, sagt meine Therapeutin zu mir. »Aber Sie dürfen sich nicht zu sehr miteinander vergleichen.« Johanna und ich sind durch eine Diagnose auf einem Blatt Papier verbunden. Die meisten unserer männlichen Mitpatienten können uns in den ersten Wochen nicht auseinanderhalten, wenn wir mit unserer schmalen Gestalt und den dunklen Haaren durch die Gänge huschen. Die Anonymität des Magersüchtigseins bietet Verstecke und raubt dabei immer mehr Individualität. Wie soll man sich da nicht vergleichen? Mein Körper nimmt schneller zu als ihrer, weil er jede Kalorie für sich behalten will, bis ich Verstopfung bekomme und mich kaum noch zum morgendlichen Wiegen zwingen kann. Ich habe diesen ungebremsten Neid noch nie so stark erlebt, diese verzweifelte Missgunst, wenn ich verstohlen auf Johannas dünne Umrisse schaue. Meine Therapeutin erklärt mir, dass das ein Teil des Krankheitsbildes ist, genau wie das tiefe Misstrauen, das mich in jeder zwischenmenschlichen Situation begleitet.

Aber ich kenne die Eifersucht schon viel länger als die Krankheit. Sie blickt von den Werbeplakaten herunter, an denen ich in Darmstadt mit der Straßenbahn vorbeifahre. Sie steht zwischen den Klausurergebnissen, die mein Politiklehrer an die Tafel schreibt, und posiert auf den Körpern meiner Mitschülerinnen, wenn wir uns in der Sportkabine umziehen. Die Missgunst untergräbt die Solidarität, die wir doch eigentlich suchen. Ich will für Johanna da sein. Ich wünsche mir so sehr, dass diese Krankheit sie gehen lässt und sie das Leben führen kann, von dem sie träumt. Aber gleichzeitig will ich, nein: muss ich, die Kränkere, die Stärkere, die Schlauere, die Schönere von uns beiden sein. Aber warum zur Hölle?

Johanna und all die Gefühle und Gedanken, die sie in mir auslöst, bleiben. Ihre Gesten und Worte werden mir immer vertrauter. Ich vermisse sie, wenn ich alleine in meinem Zimmer bin. »Was liest du gerade?«, frage ich sie oft, wenn wir unten im Gemeinschaftsraum sitzen, ich auf der breiten Fensterbank, die Sonne im Rücken, sie auf dem großen Sofa, zwischen den hässlichen Kissen. »Margarete Stokowski«, sagt sie, oder »Bernadine Evaristo« und »Jane Austen«. Immer Frauen. Wenn sie von den Büchern erzählt, beginnt ihr Gesicht auf eine Art zu leuchten, die ich von ihr noch nicht kenne. Sie unterstreicht Sätze mit einem dünnen Bleistift und klebt farbige Zettel zwischen die Seiten, während ich »Die Geschichte der Bienen« von Maja Lunde an der Stelle aufschlage, die ich heute Morgen mit einem Eselsohr markiert habe. Ich bin neidisch, was sonst. Ich habe mich nie mit Feminismus beschäftigt. Johanna wird von unseren Mitpatient*innen dafür bewundert, dass sie feministische Bücher liest, denn Feministinnen sind intelligent und stark. Johanna ist ohnehin die Stärkere von uns beiden, denke ich, schließlich ist sie alleine zum Studieren ins Ausland gezogen. Und ich bin: nun ja, lieb. Gleichzeitig macht Johanna einen großen Bogen um meine ökologische Literatur, weil sie Angst vor dem Weltuntergang hat. Wir versinken in unseren Themen, und es fällt uns schwer, der anderen zuzuhören, wenn von den Texten erzählt wird, die in unseren Schößen liegen. Jede bleibt in ihren eigenen Ängsten gefangen. Und doch gibt es einen wortlosen Austausch zwischen uns, wenn wir um den See neben der Klinik spazieren und nach der Wasserschildkröte Ausschau halten oder wenn sie mich fragt: »In welcher historischen Epoche würdest du am liebsten leben?«, während wir die lange Asphaltstraße vor der Klinik auf und ab tigern. Genau wie ich träumt sie davon, die Welt zu verändern, und hat gleichzeitig vor dem eigenen Leben riesige Angst. Wir würden gerne Bücher schreiben, aber muss man sich der Welt dafür nicht zeigen?

Es gibt Tage, da bin ich genervt von ihr. Ich bin von allen in der Klinik oft genervt, schließlich befinden wir uns in einem Corona-Lockdown und haben seit Wochen das Klinikgelände nicht verlassen. Aber von Johanna bin ich genervt, weil sie mich unbeabsichtigt mehr als jede*r andere Mitpatient*in dazu zwingt, mich selbst zu reflektieren. Es gibt inzwischen Tage, an denen ich vielleicht sogar mal zwei Stunden nicht über mein Gewicht nachdenke, aber sobald ich ihre dünnen Umrisse oder die Portion sehe, die sie sich im Speisesaal aufgetan hat, schreit die Stimme in mir wieder los. Das ist unglaublich auslaugend. Und es ist genauso zermürbend, dass Johanna immer wütend ist. Sie ist wütend, wenn sie von ihrer Familie erzählt, wenn der Gruppentherapeut fragt, wie es ihr heute geht, und wenn unsere Essensbegleitung sich mal wieder das bessere Stück

Brot genommen hat. Es erschöpft mich, denn der unsichere Teil in mir, der die Emotionen aller Menschen um mich herum spüren können muss, um sich sicher zu fühlen, ist es nicht gewohnt, mit so viel Wut umzugehen. Ich kann den Grad von Johannes Wut inzwischen an ihren Schritten und ihren Mundwinkeln ablesen, aber ich kann nicht sagen, wo diese Wut herkommt. Und das verunsichert mich. Denn wir sind uns doch so ähnlich, oder nicht? Wenn sie mir erzählt, was die Stimme in ihrem Kopf gerade sagt, ist es das, was auch ich oft denke. Aber an diese Wut in ihr, an die lässt sie mich nicht heran. Ihre Fäuste ballen sich, während ich stundenlang schlaff auf meinem Bett liege, weil meine Antidepressiva noch nicht wirken. Johanna versteht meine Lähmung nicht, sie ist immer getrieben. Und ich verstehe ihre Wut nicht, denn ich bin immer gelähmt.

»Jeder Mensch reagiert unterschiedlich auf traumatische oder schwierige Erlebnisse«, sagt meine Therapeutin. »Manche werden wütend, andere depressiv. Beides ist gleichermaßen legitim, Frau Steingäßer.« Ich nicke erschöpft. Seitdem ich wieder mehr esse, kommt mein Kopf nicht mehr zur Ruhe. Ich kann nicht schlafen, ich kann nicht lesen, ich kann mich nicht ausruhen. »Ich brauche einfach mal eine Pause von meinen Gedanken«, murmele ich. »Ich halte das nicht mehr aus. Ich kann nicht mehr.« Die Magersucht war ein Weg gewesen, der endlosen Erschöpfung der Depression zu entkommen, weil sie getriebene Gedanken produziert und meinen Körper so sehr schwächt, dass die Taubheit sich weniger schlimm anfühlt. Jetzt, während mein Körper langsam wieder stärker wird, kann ich erneut kaum noch aus dem Bett aufstehen, weil die Sinnlosigkeit meiner Existenz mich nach unten drückt. »Vielleicht gehen Sie mal mit Johanna in den Wald und suchen nach der Wut«, sagt meine Therapeutin. »Ich kann nicht wütend werden«, sage ich.

Am Nachmittag laufen Johanna und ich zum See. Ich streife hinter ihr durchs Gras und beobachte, wie ihre dünnen Arme die Gräser neben sich ausrupfen, schnell und angespannt, ratsch ratsch. Ihre Füße stampfen dumpf auf dem weichen Boden, und ich weiß, dass die Wut heute wieder stärker ist. Sie hält inne, bückt sich und hebt einen faustgroßen Stein vom Boden auf. Wir sind am Ufer angekommen, und sie holt mit dem Arm aus, schleudert den Stein ins dunkle Wasser und gibt einen leisen, kehligen Schrei von sich. »Ich hasse diese Krankheit«, sagt sie. »Das ist so unfair. Ich will ein normales Leben führen, wie alle anderen. Ich will, dass mich diese Gedanken in Ruhe lassen!« Sie wirft einen weiteren Stein ins Wasser. Das Klatschen des Steines auf der Wasseroberfläche hört sich ungewohnt befriedigend an. Ich hebe ebenfalls einen Stein auf und zögere dann. Was ist, wenn ich die Wasserschildkröte treffe? Wut kann so destruktiv sein. Aber plötzlich halte ich die innere Spannung nicht mehr aus. Mein Arm wird leichter, als der Stein auf dem Teichgrund landet. Mein ganzer Körper wird etwas leichter. Etwas löst sich in mir. Ich will schreien und nicht mehr damit aufhören, bis ich mich endlich wieder ruhig fühle. Ich will Kraft und Energie haben und um den See rennen. Ich will mich ins Moos legen und leicht einschlafen können. Ich will diese Gedanken nicht mehr denken, diese Angst nicht mehr spüren und diese innere beschissene Spannung nicht mehr aushalten müssen. Ich will diese fucking Krankheit nicht mehr haben. Ich will ein echtes Leben und eine echte Zukunft. Ist das denn zu viel verlangt? Während ich Stein um Stein ins Wasser werfe und Johannas Atmen neben mir höre, verstehe ich langsam, dass die Wut mir gerade mein Ich zurückgibt. Weil sie besser als alles andere, was ich bis jetzt in der Therapie ausprobiert habe, die Gedanken der Krankheit von den Gedanken meines Selbsts trennen kann. Ich kannte bis jetzt nur unproduktive Wut, die sofort in Hass umschlägt, der sich gegen alles und nichts richtet und dadurch nur noch mehr innere Spannung erzeugt. Die Wut am See ist neu. Sie bäumt sich gegen die Krankheit in mir auf, bis sie ihr kaum mehr Platz lässt. Ich kann wieder atmen, zumindest ein paar Minuten lang. Ich kann wieder etwas Lebendiges in mir spüren, und das ist so verheißungsvoll, so kraftspendend. Wir werfen Steine in den See, bis es dämmert. Und dann laufen wir zusammen zum Abendessen, ohne zu reden.

Ich sitze auf dem Boden meines Klinikzimmers zwischen meinen halbgepackten Koffern. Langsam stehe ich auf und gehe ins Bad. Zögerlich ziehe ich meine Klamotten aus. Dabei behalte ich mein Spiegelbild fest im Blick. Ich soll durch die Angst gehen, durch die Widerstände, durch die Tränen, sagt meine Therapeutin. Ich muss neu lernen, meinen Körper wahrnehmen zu können. Jedes Mal, wenn ich es die letzten Monate versucht habe, bin ich nach ein paar Sekunden aus dem kleinen Badezimmer geflüchtet. Aber mit der neuen Frisur geht es. Ich betrachte meinen Körper, als wäre er der einer Fremden, und berühre die kurzen Haare auf meinen Kopf. Die Stoppeln sind wie ein Anker, der mich in dieser neuen, reiferen Version meines Selbsts hält, wenn ich wieder in Gedankenkreise abstürzen will, die sich um alles und nichts drehen.

Morgen fahre ich nach Hause, und man könnte sagen, dass meine Therapie erfolgreich war. Meine Therapeutin ist sehr zufrieden und versichert mir, dass ich große Fortschritte gemacht habe. Wir sind in den letzten Wochen auf ein paar wirklich schwierige Themen aus meiner Vergangenheit gestoßen und haben mit EMDR-Sitzungen begonnen, für die Traumabewältigung. Aber ich weiß, dass das nur die halbe Wahrheit ist. Denn die entscheidenden Schritte nach vorne sind nicht nur in den verhaltenstherapeutischen Sitzungen angestoßen worden, sondern in den Gesprächen dazwischen, auf dem Sofa und am See, übers Telefon und durch die Bücher, die ich gelesen habe. »Sie haben nur diesen einen Körper, und er gehört Ihnen. Lassen Sie sich nicht so sehr von der Meinung anderer verunsichern«, hat meine Therapeutin mir immer wieder gesagt. Aber mein Körper gehört nicht nur mir. Und diese Erkenntnis ist so erleichternd wie neu. Wie oft habe ich in den letzten Jahren immer wieder in meinem Kopf geschrien: Mein Körper gehört nur mir, und ich darf ihn zerstören. Ihr könnt mich nicht daran hindern! Und ich habe dabei gedacht, dass der Zerstörungswunsch an diesem Versagen in mir liegt, dem ich nicht entkommen konnte.

Wir haben in der Klinik tausend Gründe für dieses Gefühl und alle Überzeugungen, die an ihm hängen und die mich so kleinhalten, gefunden. Aber das letzte Puzzlestück, das fehlte mir immer. Bis ich Johannas Wut kennenlernte. Und ihre Bücher las. Denn ihre Wut ist auch Teil einer größeren Wut. Sie ist die Wut so vieler Menschen, die unter struktureller Ungerechtigkeit leiden. Johanna und ich lernen in der Klinik, wütend zu werden, wenn jemand unsere Körper kommentiert, anstatt in die Selbstabwertung miteinzustimmen. Wir lernen aus Büchern, dass wir niemandem Schönheit oder Unsichtbarkeit schulden, auch wenn weiblich gelesene Personen seit Jahrhunderten so sozialisiert werden. Wir lernen in der Therapie, welche individuellen Erfahrungen diesen gesellschaftlichen Überbau in unseren Fällen ausfüllen.

Ich habe in der Therapie gelernt, warum ich mich als Individuum kleinmache; aber warum ich all das, was ich an meinem Körper als »weiblich« identifiziert habe, weghungern wollte, habe ich erst zu verstehen begonnen, als ich anderen Frauen zuhörte. Denn dass ich schmal und dünn sein will, dass ich andere Frauen viel zu oft als Konkurrentinnen wahrnehme und mich für das schäme, wonach ich mich sehne und was ich brauche, ist nicht nur Folge meiner fragilen Psyche, sondern auch der kollektiven Geschichten, mit denen ich aufgewachsen bin. Es hat sich ermächtigend angefühlt, diesen Körper zu zerstören, denn er war nur meiner, so dachte ich, und alles außerhalb von ihm entzog sich meiner Kontrolle. Dieses vage Gefühl, dass mein Körper ein Austragungsort von Machtgefügen ist, war für mich zwar spürbar, aber nicht in Worte zu fassen.

Sich die eigene Macht zurückzuholen bedeutet, gegen die Scham anzugehen und auszusprechen, was tabuisiert ist. Es bedeutet, sich auszuruhen, sich zu nähren und Genuss zu empfinden. Sich zu ermächtigen bedeutet, in einem Körper keine Norm, sondern Individualität zu sehen und nicht nach von außen definierter Schönheit, sondern innerem Wohlbefinden zu suchen. Und es heißt auch, sich als das anzunehmen, was und wie man ist, und einen Scheiß auf heteronormative und patriarchale Konzepte zu geben. So habe ich das zumindest verstanden.

Ich ziehe mich wieder an und mache mich auf den Weg zum Büro meiner Therapeutin, für meine Abschlusssitzung. Als ich klopfe und sie die Tür öffnet, schaut sie mich einen Moment lang fragend an, bis sie nach ein paar Sekunden merkwürdiger Stille schließlich lacht und sagt: »Ich habe zwar schon von Ihrer neuen Frisur gehört, Frau Steingäßer. Aber ich habe Sie trotzdem nicht sofort erkannt!« Das ist ein gutes Gefühl. Ich will nicht mehr als die Paula erkannt werden, die die Klinik vor fünf Monaten betreten hat. Ich setze mich zum letzten Mal in den großen Sessel, und wir ziehen eine Bilanz meiner Therapie. Ich bin so dankbar für alles, was ich hier in diesem Raum über mich und das Leben erfahren durfte. Gleichzeitig weiß ich, dass nicht alles, was mich belastet, in Einzelsitzungen aufzulösen ist. Wir alle machen individuelle Erfahrungen, die jedoch immer eingebettet sind in die gesellschaftlichen Strukturen, in denen wir leben. Die dort verankerten

Asymmetrien lassen sich nicht durch Resilienzsteigerung oder Achtsamkeitstraining Einzelner lösen. Ich muss meinen Körper nicht nur anschauen können, um mich ihm wieder anzunähern, sondern auch verstehen, wie weiblich gelesene Personen (und alle Menschen, die nicht dem männlichen Ideal entsprechen) und ihre Körper in den letzten Jahrtausenden betrachtet und behandelt wurden. Mein Blick ist geformt von den Ansichten unzähliger Menschen, die vor mir gelebt haben. Und ich kann ihn nicht verändern, ohne dass sich die Welt um mich herum dadurch auch verändert.

Aber es geht um mehr als das. Es gilt, die Logik hinter diesen Blicken zu enttarnen und abzulegen. Sie entspringen aus uralten Bildern, die noch immer die Basis für all die Feindschaft und Machtkämpfe sind, die ich in und auf meinem Körper spüre. Ich will eine Welt, in der jeder Mensch gleichberechtigt das sein darf, was er ist und sein möchte. Ich will die Welt nicht vor uns Menschen beschützen müssen, als wären wir Gegner eines ewigen Kampfes: Ich will ein kollektives Selbstverständnis, in dem wir begriffen haben, dass wir genauso Teil der Natur sind wie die Natur von uns. Ich will mich nicht mehr kleinmachen müssen, um der Welt mehr Raum zu geben. Denn ich bin Welt.

Meine Therapeutin erhebt sich und lächelt mich an. Ich war mir zu Beginn unsicher, ob ich ihr vertrauen kann. Jetzt muss ich ein bisschen weinen, als ich die Tür hinter mir schließe. Ich wusste nie, wie man sich verabschieden soll, wenn man so liebt. Aber heute fühlt es sich mehr wie ein Neubeginn an. Gestern Nacht habe ich meine Haare auf der wilden Wiese unter Sonjas Schaukel vergraben, und obwohl ich nicht wirklich an Rituale glaube, weiß ich, dass ein Teil von mir für immer hier bleiben darf. Und dass neue Zeiten jeden Tag anbrechen können, wenn wir das wollen.

Mein Freund steht neben dem Auto auf dem Parkplatz und wartet auf mich. Er lacht etwas unsicher, als er mich sieht. Bei unserem Abschied vor fünf Monaten waren meine Haare 20 cm länger und mein Körper 15 kg leichter. Vielleicht wissen wir beide schon jetzt, als wir uns in die Arme schließen, dass auch die nächsten Monate nicht leichter werden als die letzten. Weil wir uns aufmachen müssen, 20 – oder 2000? – Jahre verinnerlichter Überzeugungen loszulassen und das Neue anzunehmen. Auch in seinem Blick sehe ich die Spuren, die es hinterlassen hat, dass wir beide seinen Körper brauchten, um mich spüren zu können. »Du siehst wieder aus wie du«, sagt er leise, als wir uns in die Arme schließen. Die Baumkronen rauschen wie jeden Tag, als ich in das Auto einsteige, die Wölfe schweigen, und ich atme tief und lächele.

Permakultur

Die Bremsen meines Fahrrads quietschen leise, als ich um die Straßenecke biege. Mein Handy zeigt mir mit einem Piepsen an, dass ich mein Ziel in 300 Metern erreicht habe: N. E. W. Institut, Marie-Curie-Straße 1, Freiburg. Mein WG-Zimmer liegt nur 5 Fahrradminuten entfernt, aber ich habe das Gefühl, mich in einer ganz anderen Stadt zu befinden. Keine hupenden Autos sind zu hören, auch keine streitenden Nachbar*innen. Die freundliche Stille wird nur von dem Geschnatter der Hühner und Gänse unterbrochen, die neben dem Bürgersteig in einem großen Gehege nach Insekten scharren. Die Häuser auf der anderen Straßenseite wirken, als seien sie einem futuristischen Stadtprojekt entsprungen: Metallstreben schmiegen sich an Holzwände, um die runden Fenster wachsen Rankpflanzen, auf den Balkonen stehen Fahrräder und Hochbeete. Es fühlt sich fast zu idyllisch an. Ich wusste, dass der Freiburger Stadtteil Vauban für seine ökologische Architektur gefeiert wird, aber ich war nicht darauf vorbereitet, was ein menschen-, tier- und pflanzenfreundliches Design ausmachen kann. Ich fühle mich viel weniger getrieben. Mein Kopf lässt davon ab, ständig über die nächsten Aufgaben nachzudenken, meine Gedanken kommen im Moment an. An den Bäumen blühen bereits erste weiße und rosa Blüten, Bienen schwirren dankbar um sie herum. Es ist warm für Ende März. Meine Jacke habe ich nur lose um die Hüften gebunden. Vor dem großen Holzgebäude steige ich von meinem Fahrrad ab. Im Erdgeschoss befindet sich ein kleines Café, im Hof davor sind mehrere Bänke um eine stattliche Ulme herum verteilt. Am Eingang hängt ein kleines Schild, auf dem »N. E. W. Institut: Erlebnispädagogik mit Herz« steht. Daneben hat jemand einen handgeschriebenen Zettel geklebt, auf dem ich entziffere: »Permakulturkurs – Treppe hoch und rechts«. Ich schließe mein Fahrrad an und betrete das große Gebäude.

Seit Oktober lebe ich in Freiburg und studiere Philosophie und Geschichte. Mein Zimmer ist zwar klein, aber dafür nur 20 Minuten von Spöngs neuem Stall entfernt. Ich verbringe meine Tage entweder bei ihr auf dem Hof oder in der Unibibliothek. Nach meiner Entlassung aus der Klinik im Juli war ich mir sicher gewesen, dass nun leichtere Zeiten beginnen würden. Aber psychische Heilung und Veränderungen der Lebensumstände verlaufen in der Regel nicht so linear, wie ich mir das vorgestellt hatte. Mein Körper hat Hunger wie noch nie, und mein Kopf hat sich als neue Strategie überlegt, Risse in meine Haut zu schneiden. Meine Arme werden wieder weicher, sind dafür aber von kleinen Narben übersät. »Machen Sie Sport, wenn Sie den inneren Druck nicht aushalten«, sagt meine neue Therapeutin. Aber das setzt nur altbekannte Gedankenkreise über Gewichtabnahme in Gang. Der Teil in mir, den ich eigentlich besiegt geglaubt hatte, weiß sich nicht anders zu helfen, als meinen Körper aufzuritzen, damit die Spannung einen Weg hinaus findet. Ich habe fast ein halbes Jahr stationärer Therapie hinter mir, wohne in einer fremden Stadt in meiner ersten eigenen Wohnung und fühle mich trotzdem noch wie eine psychische Versagerin.

Meine neue Mitbewohnerin baut Tomaten und Rosmarin auf unserem kleinen Südbalkon im 7. Stock an. In unserer Küche stehen Reis, Nudeln und Kichererbsen in großen Weckgläsern auf dem Regalbrett, denn wir kaufen vieles beim Unverpacktladen im nächsten Viertel ein, wenn auch nur mittwochs, denn da gibt es Studierendenrabatt. Bei meiner Mitbewohnerin wirkt nachhaltiges Leben immer leicht. Sie hört oft Musik in der Küche, singt dazu und kocht Marmelade mit den Früchten aus dem Garten ihrer Mutter ein. Mich ermüdet die Welt. Die Temperaturen sind zu hoch. Wenn meine Mitbewohnerin sich im Bikini auf dem Balkon sonnt, obwohl der Frühling gerade erst beginnt, finde ich keine kühle Ecke in meinem stickigen Zimmer und sorge mich um Spöng, die die Temperaturen mit ihrem isländischen Winterfell kaum verkraftet. Die meiste Zeit steht sie apathisch in der Ecke ihres Offenstalls und verscheucht matt die Fliegen, die um sie herumschwirren. Im Gegensatz zu meiner Mitbewohnerin gibt mir die Welt keine Kraft. Ich laufe mit Spöng durch den Schwarzwald und sehe die sterbenden Nadelbäume, die trockenen Böden und das nassgeschwitzte Fell meines Pferdes. Ich weiß, wie wichtig es für mich ist, viel Zeit in der Natur zu verbringen, und doch tut mir gerade beides nicht gut: Ich kann mich bewegen und frische Luft atmen und danach erschlagen von Traurigkeit in mein Bett fallen. Oder ich verkrieche mich in den Welten in meinen Kopf, zwischen meinen vier Wänden, und werde müde von der Entfernung zum Lebendigen.

An solchen Tagen verbringe ich zu viel Zeit am Handy. Ähnlich wie vor einem Jahr, als ich mich fast nur noch von Fotos und lauwarmem Tee ernährte, versinke ich in Bildern und Beschreibungen von Blumen- und Kräutergärten, Selbstversorgerhöfen und Gemüsebeeten. Die pure Lebendigkeit, die mir in diesen digitalen Öko-Welten begegnet, füllt den Teil in mir aus, der sich verbunden fühlen will, ohne mit der Realität einer immer unberechenbareren Welt konfrontiert werden zu müssen. Eines Abends finde ich mich nach einigen Stunden sinnlosen Scrollens auf der Homepage der Permakultur-Akademie wieder. Die Webseite wird von einem Zitat von David Holmgren, einem der Gründer der Permakultur, eingeleitet: »Permakultur ist ein kreativer Gestaltungsansatz, der auf eine Welt schwindender Energie- und Ressourcenverfügbarkeit reagiert.«[1] Wie schön, denke ich: Auf schwindende Verfügbarkeiten mit Kreativität, nicht mit Panik zu reagieren. Ich habe lange nicht mehr über Permakultur nachgedacht, ein Konzept, das ursprünglich in Australien entwickelt wurde, um Selbstversorgergärten effizienter und nachhaltiger zu gestalten. Vor ein paar Jahren habe ich mit meiner Mut-

---

1 https://www.permakultur.de/home

ter einen Einstiegskurs besucht, auf einem Aussiedlerhof in der Nähe unseres Zuhauses. »Paula«, hatte sie gesagt, »ich glaube, das wird dir Spaß machen.« Wir haben damals mit den anderen Teilnehmenden zusammen Wildkräuter gesammelt, in der Sonne gesessen und dem Kursleiter zugehört, Notizen gemacht und abends am Lagerfeuer stundenlange Gespräche geführt, deren Tiefe und Vertrautheit mein introvertiertes Teenager-Ich sehr überrascht haben. Mein Interesse für dieses Konzept wurde jedoch schnell vom Schulalltag und der Depression überschattet, und ich weiß inzwischen kaum noch, was wir an diesem Wochenende alles gelernt haben. Nur an die Begeisterung, an die erinnere ich mich. Ich klicke mich zum Kurskalender durch und melde mich kurzerhand für einen Termin in Freiburg an. Es ist ja alles besser, als nichts zu machen, oder?

Es sind schon einige Teilnehmende da, als ich den Seminarraum betrete. Er ist groß und hell, vor den Fensterfronten stehen Pflanzen, und neben der Küchennische ist ein kleines Buffett mit Snacks aufgebaut. An der Stirnseite des Raumes steht ein Whiteboard bereit, daneben zwei kleinere Pinnwände, an denen bunte Zettel hängen. Auf dem Sofa in der Ecke sitzt eine junge Frau, die in ein Gespräch mit einem Mann in Zimmermannskluft vertieft ist und immer wieder laut lacht. Ich suche mir zögerlich einen Platz in dem großen Stuhlkreis in der Mitte des Raumes, und fühle mich mit dem Balkon im Rücken und der Tür im Blick etwas sicherer. Ich habe Angst vor dem Unbekannten und den fremden Menschen, die mich die nächsten Tage erwarten, aber mein Bauch kribbelt auch etwas vor Vorfreude. Ich kann es kaum erwarten, mehr über »vernetztes Denken«, »soziale Permakultur«, »Waldgartengestaltung« und die anderen Themen zu erfahren, die mich von den Zetteln an der Pinnwand aus anleuchten.

Interesse an Inhalten, die den Zustand unserer Welt betreffen, habe ich in letzter Zeit eher selten verspürt. Mehr noch: Denken an sich ist von Jahr zu Jahr mehr zu einem Minenfeld für mich geworden. Mein Vertrauen in das menschliche Denkvermögen hat stark gelitten. In der Schule hatte ich gelernt, dass die menschliche Rationalität die Grundlage für alle modernen Errungenschaften ist, von denen meine Mitmenschen und ich profitieren: Demokratie, Medizin, Technologie, Architektur, Mobilität, Elektrizität. Aber wenn wir dank unseres Verstandes alle möglichen Hürden überwinden und Entwicklung vorantreiben können, warum befindet sich die Welt dann in der größten ökologischen, von Menschen gemachten Krise seit unserem Auftreten auf der Bühne der Erdgeschichte? Warum schmilzt das grönländische Eis von Jahr zu Jahr weiter ab? Mein dreizehnjähriges Ich hatte sich in der Schule gerne in Denkaufgaben vertieft und Klausuren geschrieben. Aber je älter ich wurde, desto weniger hatte ich den Fähigkeiten meines Intellekts vertraut. Und spätestens seit meiner psychischen Erkrankung waren meine Gedanken nichts anderes mehr als gefährliche Gegner geworden, die es auszuschalten galt. In der 11. Klasse war ich ein halbes Jahr nicht mehr zu Schule gegangen, weil es mir zu schlecht ging. Ich war mit Spöng ins Allgäu gefahren und hatte auf einem Isländerhof gearbeitet. Zwölf Stunden am Tag war ich draußen gewesen, hatte gemistet und die Pferde gefüttert, Gras gemäht und Zäune gebaut, Pferde trainiert und lange Ausritte genossen. Ich wollte die Schule ganz abbrechen und eine landwirtschaftliche Ausbildung anfangen, vielleicht Demeter-Gartenbau oder Permakultur. Ich fühlte mich nur noch lebendig, wenn ich meinen Körper benutzte, nicht meinen Kopf. Aber kurz bevor das neue Schuljahr ohne mich starten sollte, zog mich etwas zurück in die Schule. Ich weiß nicht, was es war. Hoffnung? Ehrgeiz? Angst? Ich machte mein Abitur und begann ein geisteswissenschaftliches Studium. Auch wenn mein Misstrauen gegenüber der angeblich aufgeklärten Welt, in der wir leben, blieb.

Ich wende mich von der Tafel ab. Der Kursraum hat sich inzwischen gefüllt, und als alle einen Sitzplatz gefunden haben, lächelt Simon, der Kursleiter, uns an.

»Ich freue mich sehr, dass ihr alle da seid. Bevor wir anfangen, uns näher mit Permakultur zu beschäftigen, möchte ich mit euch ein kleines Kennenlernritual machen.«

Ich schaue mich verstohlen um. Ich hasse solche Begrüßungsspiele.

»Dafür möchte ich euch bitten, euch 10 Minuten Zeit zu nehmen, rauszugehen und einen Gegenstand aus der Natur zu suchen, den ihr dann, wenn wir uns hier wieder treffen, in die Mitte legen könnt.«

Ich bin etwas genervt, stehe aber mit den anderen auf.

Draußen angekommen, spüre ich die Sonne auf meinem Gesicht und atme die frische Luft ein. Und plötzlich fällt die Nervosität von mir ab. Es tut tatsächlich gut, sich noch einmal zu erden, bevor der Kurs startet. Als wir uns schweigend wieder im Kursraum versammeln, sagt Simon: »Es wäre schön, wenn ihr alle nacheinander in die Mitte geht, euch kurz vorstellt und euren Gegenstand mit einer Intention, die ihr in diesen Raum bringen wollt, mit uns anderen teilt.«

Sieht man, dass ich anfange zu schwitzen? Ich weiß nicht, ob es an den Treppenstufen oder an der Aufregung liegt. Mein Hände sind nass und kalt. Nachdem alle außer mir einmal aufgestanden sind und sich wieder gesetzt haben, von Vorfreude, Respekt und Leichtigkeit erzählt haben, erhebe ich mich zögerlich. Als ich die kleine, weiße Feder, die ich unter einem Strauch am Straßenrand gefunden habe, zu den Steinen, Rinden und Samen lege, sage ich: »Ich bin Paula. Ich freue mich sehr auf den Kurs. Und ich möchte mit meiner Feder an den Schmerz, die Trauer und die Schwere erinnern. Ich habe viel zu lange versucht, sie zu verdrängen. Aber das hat mich nur immer weiter von der Welt und mir selbst entfernt. Ich frage mich manchmal, ob wir den Schmerz mehr zulassen müssen, um von dort aus loszugehen. Ich meine, wie soll man nicht trauern, wenn man sieht, in welchem Zustand sich die Welt befindet? Ist nicht diese Verbundenheit zu dem, was uns umgibt, die Basis für echte Veränderung?« Ich halte kurz inne. Ich hatte nicht vorgehabt, das zu teilen, aber es fühlt sich in diesem Moment richtig an, mich nicht zu verstellen. »Ich habe immer gedacht, dass ich mit diesen Gefühlen allein bin. Dass es nicht erlaubt ist, sich gelähmt und verzweifelt zu fühlen, wenn doch unsere Zukunft davon abhängt, endlich ins Handeln zu kommen. In einem nachhaltigen Leben geht es nicht um Verzicht und Verlust von Lebensqualität, das ist klar. Grüne Lebensweisen machen Spaß. Aber ich finde mich nicht darin wieder, wenn immer nur von optimistischen Versprechen geredet wird, als würden wir nicht schon in diesem Moment viel verlieren. Es fühlt sich für mich nicht wie die Realität an. Und das will ich nicht mehr ignorieren. Ich will mich nicht mehr verstellen müssen. Deshalb möchte ich in diesem Kurs auch an die Trauer erinnern.«

Ich stehe auf und husche zurück zu meinem Platz. Mein Gesicht wird rot vor Scham, und ich habe das Gefühl, zu viel von mir preisgegeben zu haben. Es ist still, und als ich aufblicke, sehe ich zu meinem Erstaunen, dass mich alle anschauen, manche lächelnd, andere traurig, alle intensiv.

»Danke für diesen Beitrag, Paula«, sagt Simon. »Ich glaube, ich spreche für uns alle, wenn ich sage, dass es uns ähnlich geht wie dir. Die Permakultur möchte genau dort ansetzen, im Akzeptieren dieses Schmerzes. Wir ›Permis‹« – er lächelt leicht – »verstehen uns als Pionier*innen des Wandels. Der erste Schritt ist, sich bewusst zu werden, was gerade alles in eine falsche Richtung läuft. Wie du sagst: Wenn wir in Verbindung zu allem Lebendigen um uns herum handeln wollen, und nicht zu dessen Schaden, müssen wir auch den Schmerz, der mit diesem In-Verbindung-Sein einhergeht, fühlen und integrieren.«

Während er weitererzählt, blicke ich in die Gesichter der Menschen um mich herum. Die meisten scheinen den inneren Abgrund zu kennen, der zwischen meinen Worten lauert. Ich meine, ihre Angst zu spüren, aber allein die Tatsache, dass wir alle noch hier sitzen, einander zuhören und uns fragen, wie wir anders leben könnten, erfüllt mich mit Hoffnung und Zuneigung. Vielleicht liegt die besondere Atmosphäre allein daran, dass sich in diesem Raum Menschen versammelt haben, die wahrnehmen und suchen. Aber während ich Simon zuhöre, realisiere ich, dass das Warum eigentlich nicht wichtig ist. Dass es passiert, ist das Besondere. Jede Form von Nähe, Offenheit und Vertrauen muss kultiviert werden. Permakultur ist eine Verbindungskultur. Sie fördert Verbindungen, zwischen Menschen, zwischen Gemüsepflanzen und zwischen Arten. Die Grundannahme ist recht simpel: Lebendige Systeme sind immer komplex, das heißt sie zeichnen sich durch eine hohe Anzahl an Verbindungen ihrer einzelnen Elemente aus, die dadurch voneinander lernen und sich sehr gut anpassen können. Ein Gemüsegarten ist genauso ein komplexes System wie eine Familie oder ein Wald. Die Größenordnung ist weniger entscheidend als die Anzahl der einzelnen Elemente und ihrer Verbindungen. Die Verbindungen sind das, was es lebendig macht. Andernfalls wäre es ein chaotischer Haufen herumliegender Äste, Steine und Samen.

Ich öffne mein Notizbuch, um die Flut der Informationen, die Simon inzwischen auf das Whiteboard schreibt, und meine eigenen, aufgeregten Gedanken zu sortieren.

Auf dem Einband meines Buches streicht eine kleine gelockte Frau über ein Farnblatt, das, genau wie die Maiglöckchen und Tulpen neben ihr, doppelt so groß ist wie sie. Wie sehr hatte ich mir gewünscht, so klein zu sein wie dieses Wesen, als ich meine ersten Einträge aufgeschrieben hatte, um ein Gemüsebeet in unserem Garten zu planen. Es schien mir damals unmöglich zu sein, mit meinem großen Körper nicht dauernd etwas zu zerstören, nicht auf Blumen und Ameisen zu treten, nicht zu viel Wasser zu verbrauchen und die Wildnis nicht zu verdrängen.

»Elefanten sind zum Beispiel sehr gute Waldgärtner«, sagt Simon gerade, und ich horche auf. »Ja, wirklich!«, fügt er lachend hinzu, als er unsere ungläubigen Mienen sieht. »Auf den ersten Blick mögen ihre Streifzüge wie die pure Verwüstung wirken, aber sie sind hochangepasst an das Ökosystem, in dem sie leben. Sie düngen und verteilen Samen, bahnen Schneisen, in denen Neues wachsen kann, und genießen ihre wohlverdiente Ernte. Wir als Gärtner machen nichts anderes. Nur meistens nicht so effizient wie die Elefanten.«

Permakultur sei eigentlich nichts anderes als Beobachtungslernen, erklärt er weiter. Die Natur hat in der Regel schon die besten und effizientesten Systeme und Muster geschaffen, und wir versuchen in der Permakultur, sie zu verstehen und selber anzuwenden, wenn wir Projekte gestalten. Zum Beispiel nutzen wir das Werkzeug der beschleunigten Sukzession, wenn wir ein permanentes System aufbauen wollen. In der Natur umfasst die Sukzession das Reifen des Systems in vielen Schritten über einen längeren Zeitraum. Pflanzen und Tiere kommen und gehen, je nachdem, was das System ihnen gerade bietet, und bringen eine wertvolle Funktion mit. Schnecken zum Beispiel. »Was bringen mir Schnecken jemals Gutes, könnte man sich fragen?«, sagt Simon. Und erzählt dann davon, wie die Schnecken den Boden mit ihrem Schleim verarzten, so dass Feuchtigkeit besser gespeichert wird, und dann als Nahrungsquelle für die nächsten Ankömmlinge dienen können.

Auf der Sukzession baut das Design für eine Obstbaum-Lebensgemeinschaft auf: Wir suchen Pflanzen für die verschiedenen Funktionen, die das System zum Reifen braucht, die jedoch nicht zu dynamisch für einen Hausgarten sind. Eine Brombeerhecke, die einem jungen Baumspross in den ersten Jahren oft noch den benötigten Schutz bietet, macht sich in einem kleinen Garten nicht gut. Wir haben den Vorteil, dass wir den Obstbaum – das Zentrum unseres kleinen Systems – in der Baumschule aufziehen und in einem späteren Alter einpflanzen können: Wir überspringen einige Anfangsstufen der natürlichen Sukzession. Dann pflanzen wir Bohnen in die Nähe des Stammes. Sie wachsen schnell, spenden dem jungen Baum Schatten und reichern den Boden mit wertvollem Stickstoff an. Die Triebe wachsen bis in die kleine Krone und ziehen die Seitenäste herunter in die Saftwaage, die optimale Wuchsform. Etwas weiter außen setzen wir eine Hokkaido-Pflanze. Sie verhindert mit ihren großen Blättern, dass der Boden Feuchtigkeit verliert, hält das Gras fern und passt auf, dass der junge Baum nicht zu viele

Nährstoffe erhält und daran eingeht. Von Jahr zu Jahr vergrößern wir den Pflanzenkreis um den Baum, immer der Spannweite der Krone folgend, die selbst Schatten spendet und wie eine Gießkanne Wasser über ihre Zweige verteilt. An der Nordseite des Kreises pflanzen wir Hecken, die Insekten, Vögel und Nagetiere anlocken, als »Sonnenfalle« Wärme speichern und ein günstiges Mikroklima für den Baum schaffen. Davor setzen wir Beinwell, der uns Mulchmaterial bringt, als Mineralienpumpe und Grasabwehr agiert und als Bienenweide Futter für die Insekten spendet. In den Schatten der Hecke pflanzen wir Pilze, Waldmeister, Bärlauch und Salate, in die Sonnenseite des Baumes dauerhafte Stauden, Erdbeeren und Gemüse. »Jetzt habe ich ein System, das mir kaum Arbeit übrig lässt«, sagt Simon. »Das ist gut, denn ich bin ein fauler Gärtner. Ich muss kaum mehr mulchen und düngen, gießen oder Unkraut rupfen, denn die Pflanzen regulieren sich gegenseitig. Die Feuchtigkeit und Energie wird im System gehalten, so dass ich kaum neue reinstecken muss. Ach ja, und die Singvögel in der Hecke machen nicht nur mich glücklich, sondern öffnen die Spaltöffnungen des Baumes weiter, so dass mehr Photosynthese stattfinden kann und letztendlich mehr Kohlendioxid in den Wurzeln gespeichert wird.« Effizienz bedeutet nicht, dass ich maximalen Ertrag erhalte. Sondern dass ich so wenig Energie und Ressourcen wie möglich in ein System stecken muss, um es zu erhalten und davon leben zu können. Die Permakultur möchte keine Ketten schaffen, in denen am Anfang ein*e Produzent*in und am Ende ein*e Konsument*in steht, denn nur ein Kreislaufsystem, in dem jede*r gibt und erhält, ist wirklich langfristig. Ich darf als Mensch gestalten und säen, ernten und essen. Ich bin eine Brombeerhecke, ein Waldelefant und ein Singvogel, wenn ich es möchte.

Am Nachmittag laufen wir zu einer großen, hügeligen Wiese. Dort erklärt Simon uns, wie wir mit recht einfachen Mitteln Geländekarten erstellen können, um Faktoren wie Sonneneinstrahlung, Wasserverlauf und Abstände für unser Design zu erfassen. Es ist ein sonniger Tag. In Kleingruppen streifen wir über die Wiese, tragen Obstbäume und Rinnsale in unseren Plänen ein, rätseln über die Namen der verschiedenen Kräuter und verwickeln Simon in Gespräche, um mehr über seinen Alltag als Permakulturdesigner zu erfahren. Ich fühle mich wohl unter diesen Menschen. Wir sind alle so verschieden, manche haben eigene Höfe, kleine Gärten oder ein Hochbeet auf dem Balkon, andere arbeiten als Sozialarbeiter*innen, leiten NGOs oder studieren. Wir alle sind durch Phasen der Verzweiflung und der Aussichtslosigkeit gegangen, und suchen trotzdem nach neuen Wegen und Möglichkeiten – manche eher still und melancholisch, andere laut lachend und neugierig. Es hat keine Bedeutung, wie alt wir sind, wo wir herkommen oder was wir arbeiten. In unseren Gesprächen liegt eine Achtsamkeit und Offenheit, die mich weich macht. Ich habe das Gefühl, weinen zu dürfen, wenn ich es wollte. Da wären die richtigen Worte, sanfte Umarmungen und Verständnis. Obwohl die über allem drohende Zukunft uns zusammengebracht hat, sind wir im

Hier und Jetzt, auf dieser weiten Wiese, lachen und halten einander fest. Es ist fast magisch. Ich hätte gerne Worte, die beschreiben, wie viel Traurigkeit in meinem Glücksgefühl schwingt, wenn ich mit Menschen zusammensitze, die mir viel bedeuten. Es fühlt sich immer gleich an, egal ob ich diese Menschen seit Jahren kenne oder gestern Abend noch nichts von ihnen wusste. Manchmal braucht Nähe wenig Zeit. Ich erzähle, lache, scherze sogar. Die Wärme des Frühlingslichtes vermischt sich mit der Traurigkeit und macht das Gold des Nachmittags noch voller. Das ist Verbindung, oder? »Bevor wir gestalten«, hat Simon heute Vormittag gesagt, »werden wir gestaltet.«

Ich lege mich ins Gras und schaue in den blauen Himmel. Das Gras ist weich und ein bisschen warm. Ich stelle mir vor, wie ein Regenwurm ein paar Zentimeter unter mir einen Tunnel gräbt. Erst jetzt beginne ich zu verstehen, was Simon heute Vormittag erklärt hat. Er hat lange über die Stärken und Schwächen monokausalen Denkens gesprochen, das unsere Gesellschaft dorthin gebracht hat, wo wir heute stehen, mit moderner Medizin, Kommunikationskanälen, industrialisierter Wirtschaft und so weiter. Die Permakultur will jedoch vernetzt denken, weil wir die Krisen unserer Zeit nicht anders lösen können. Nicht nur im Garten, sondern in allen Bereichen des Lebens. Simon hat viele Wörter an die Tafel geschrieben, mit Pfeilen und Strichen verbunden und getrennt, damit wir verstehen, was diese Form des Denkens mit sich bringt: Kontextfokus statt Fokussieren von Teilbereichen; Ursachen- statt Symptombekämpfung; Ressourcen- statt Mangelorientierung; multiple Einflussfaktoren statt einfache Ursache-Wirkungs-Verhältnisse. Und darunter eine große Schweifklammer: Empathie statt Schuldfragen – mit Demut durch die Welt gehen. Das ist die Lösung!, habe ich aufgeregt gedacht, und meine Schrift ist vor Begeisterung ganz krakelig geworden. Oder besser: Es ist eine Lösung von vielen, denn gegen komplexe Krisen gibt es kein Rezept. Aber vernetzt zu denken, mit Problemen lösungsorientiert umzugehen und die Energie und Ressourcen, die man hat, sinnvoll zu nutzen, ist genau das Gegenteil von dem, was gesellschaftlich und politisch um uns herum passiert. Hier schien sich eine Möglichkeit aufzutun, wie ich lernen konnte, anders auf die Welt zu blicken und in ihr zu agieren: Indem ich in einem Garten übte, was ich später auf die Welt übertragen könnte.

Im Laufe des Tages stellen wir alle viele Fragen – was das jetzt heißt für die Landwirtschaft, wie wir konkret mit Mischkulturen im Garten umgehen, wie man sich nicht damit überfordert. Aber mit ein paar Stunden Abstand, während ich die anderen um mich herum lachen und Hänge vermessen höre, verstehe ich, dass es um viel mehr geht. Der Kern liegt darin, wie wir uns alle selbst sehen und uns unsere Rolle in der Welt erzählen. Mir wird zum ersten Mal bewusst, wie sehr ich unter meinem inneren Anspruch leide, entweder alles oder gar nichts retten zu können. Ich habe das noch nicht einmal vor mir selber ausgesprochen, aber ich sehne mich nach Held*innengeschichten und Vorbildern. Ich will etwas Besonderes finden, etwas Mächtiges, die eine Lösung, die mir meine Zukunft zurückgibt.

Ich muss selbst an dieser Rettung beteiligt sein, wenn ich wirklich von mir denke, empathisch und moralisch zu sein. Und wenn ich es nicht schaffe, werde ich mich selbst vernichten müssen. Dieses Denken basiert auf derselben Logik, die meinem Körper absprechen wollte, so zu sein, wie er ist. Ich will in Rollen passen, Vorbildern entsprechen und Antworten bekommen, weil die endlose Komplexität dieser Welt mich so überfordert. Der Flügelschlag eines Schmetterlings kann auf der anderen Seite der Welt einen Tornado auslösen. Wir wollen vielleicht Gutes tun, aber die Entwicklungsgelder sind schon längst in Korruption und Waffenhandel verlorengegangen, bis sie diejenigen erreichen könnten, die sie brauchen. Ich warte seit Jahren darauf, aufzuwachen, aus diesem Albtraum der Verkettung und gleichzeitigen Unmöglichlosigkeit. Ich will aufwachen und jemanden an meinem Bett sitzen haben, der mir sagt, dass alles gut wird.

Aber ich bin ja schon längst aufgewacht, vor zehn Jahren, in einem kleinen Boot auf einem arktischen Meer. Und auch jetzt wache ich auf, das Gras kitzelt meine Ohren, und ich spüre, wie die Schritte meiner Mitmenschen den weichen Boden leicht vibrieren lassen. In Grönland bedeutete das Aufwachen radikales Alleinsein in einer Welt, die mir entglitt. Jetzt fühle ich, dass ich immer noch da bin, und die Welt auch, und mit ihr die anderen Menschen auf der Wiese. Die Welt ist nicht kühler geworden in diesen zehn Jahren, auch nicht nachhaltiger oder langsamer. Aber das Katastrophennarrativ hat nicht mehr die gleiche Sogwirkung auf mich. Ich begegne mir und der Welt mit Demut, und ich spüre, wie ich meinen Einflussrahmen und meine Verantwortung austarieren darf, ohne alle Probleme lösen zu müssen. Ich bin ein individueller Mensch unter vielen, und ich kann Einfluss auf das System nehmen, in dem ich lebe, und werde gleichzeitig immer auch gestaltet. In einem komplexen System eine gestaltende Rolle einzunehmen heißt auch zu sehen, wie viele unzählige andere Einflussfaktoren um einen herum wirken. Ich darf die Kraft annehmen, die aus diesen Verbindungen entsteht, und zurückgeben, was ich mitbringe. Ich denke an Spöng, die mich so viele Tränen und Schuldgefühle gekostet hat und die mich doch immer wieder zum Lächeln und Innehalten bringt, wenn ich zu ihr fahre. Das Gras unter mir riecht nach ihr. Vernetzung anzuerkennen heißt auch, die Verbindungen nicht nur auf zwischenmenschliche Beziehungen zu beschränken, sondern auch die tierischen und pflanzlichen zu sehen.

Ich bin als Mensch nicht einfach das Problem, sondern ich bin Teil der Richtung, in die wir gehen. Es ist Trost, wie ich ihn noch nie gespürt habe: Ich bin nicht allein. Ich werde aufgefangen von einem riesigen Netzwerk, so oft und so lange, wie ich es brauche. Und ich stehe immer wieder auf und gebe etwas zurück. Der Boden unter meinen Füßen bleibt, auch wenn ich noch so oft das Gefühl hatte, dass er unter mir weggezogen wird. Wir haben so viel, was wir nicht verlieren werden. Und darauf aufbauend können wir das, was verletzlicher ist, mitgestalten. Es geht nicht darum, irgendetwas schönzureden oder die Verantwortung an andere zu delegieren; sondern darum, zu verstehen, dass Krisen kommen werden, aber wir Werkzeuge haben, auf sie zu reagieren und sie vielleicht – wenn wir uns dafür entscheiden – abzuschwächen. Vielleicht ist das die Hoffnung, die Jostein Gaarder mir vor Jahren mit auf den Weg gegeben hat: sich dafür zu entscheiden, in keinem Katastrophennarrativ zu verharren, sondern nach den limitierten Wegen zu suchen, die sich vor uns ausbreiten. Und diese Wege dann gemeinsam anzutreten. Aber es ist nicht Hoffnung, was ich spüre, sondern Zuversicht: eine Sicht, die neues Handeln möglich und realistisch macht. Hoffnung baut auf Kräfte jenseits der eigenen Sphäre auf. Die Zuversicht blickt anders auf die Welt und differenziert, dass Ende und Anfang sich nicht ausschließen, sondern zusammengehören.

Am nächsten Tag fahren wir auf einen Permakulturhof in der Nähe, eingebettet in die steilen Hänge des Schwarzwaldes. Simon führt uns durch den Haus- und den Waldgarten, der aus lauter Obstbaum-Lebensgemeinschaften besteht, und die Theorie des Vortages wird von dem Geruch der Ringelblumen, jungen Tomatenpflanzen und dem Summen der Bienen ausgefüllt. Wir lernen, wie man Brennesseljauche anrührt, bauen einen Erdofen, um Holzkohle für nährstoffreiche Schwarzerde herzustellen, und streifen durch den umliegenden Waldrand, um Baumstämme zu suchen, in die wir am Nachmittag Pilzsporen injizieren. In ein paar Monaten werden wir Champignons von ihnen ernten können. Die Ernte kommt meist verzögert zu den Mühen des Anbaus, und ich nehme auch Geduld mit, als Simon mir mein Stück Holz reicht. Ich beobachte nachdenklich, wie er durch unsere Gruppe wandert, Lachen oder Trost verteilt, zuhört und erklärt, im Blick behält und vertraut. Hier beginnt bereits die Basis für soziale Permakultur: Jedem Menschen einer Gruppe wird mit Offenheit und Vertrauen begegnet, Verbindungen zwischen ihnen werden kultiviert und Muster der Wechselwirkungen genutzt. Permakultur beginnt beim Grundsatz des gerechten Teilens aller Güter und Ressourcen, die uns zur Verfügung stehen, und wird wirksam im Üben von Zusammenarbeit und Konfliktfähigkeit. Es geht nicht darum, bestimmte Rollen erfüllen zu müssen, sondern zu lernen, das anzuwenden, was man mitbringt.

Jeder Organismus hat seine Nische in den Systemen, in denen wir leben: einen Ort, an dem er die Bedingungen vorfindet, die er braucht, und etwas zurückgeben kann, was dem ganzen System zugutekommt. Die Permakultur blickt aus dieser Haltung auf alles um uns herum und versucht, die Bedingungen mitzugestalten, die jedes Individuum benötigt. Auch Schnecken sind zu bestimmten Zeitpunkten sehr hilfreich. Dieses Denken jenseits kapitalistischen Leistungsstrebens hebt eine riesige Last von meinen Schultern: Ich darf leise und traurig sein, und kann der Welt trotzdem etwas zurückgeben. Vielleicht müssen wir auch aktivistisches Handeln viel weiter denken, überlege ich, während die kleine Gruppe an Menschen um mich herum ihre Erfahrungen teilen und Erdproben in kleine Kanülen füllen. Denn ein komplexes System kann und muss von sehr vielen verschiedenen Seiten gesteuert und ins Gleichgewicht gebracht werden. Es ist wichtig, nach den eigenen

Stärken und Interessen zu suchen. Niemand muss sich auf eine Bühne stellen oder auf eine Straße kleben, um einen wertvollen Beitrag zu leisten. Wir leiden auf so viele unterschiedliche und doch ähnliche Weisen an den Strukturen, die auch unsere Umwelt ausbeuten. Es ist der erste Schritt, sich der eigenen Zerstörung entgegenzustellen.

Ich bin selber auch ein komplexes System, schießt mir durch den Kopf. Wenn ich verstehen will, warum ich fühle, denke und mich verhalte, wie ich es tue, muss ich nach Ereignismustern Ausschau halten; und ist das nicht genau das, was ich seit einem Jahr in der Therapie mache? Situation um Situation analysieren und verstehen, wie ich immer wieder dieselben Strategien anwende, immer wieder ähnlich reagiere? Vielleicht ist es deshalb auch so unglaublich schwer, mein Verhalten zu verändern: weil ich erst tausend innere Mechanismen überwinden muss, die das aktuelle System erhalten wollen. Genau wie bei einem Ökosystem ist ein neuer Zustand zunächst instabil, weil die Pfade innerhalb der Muster noch nicht gefestigt sind. Wie eine Kugel in einer Mulde rollen die Elemente immer wieder zurück in ihre gewohnte Position, sei es mein Umgang mit Essen oder die Populationsgröße von Wühlmäusen in einem Wald. Und doch ist ein komplexes System niemals starr. Es braucht Unschärfe, Beweglichkeit und kreative Zerstörung, um nicht zu sterben. Wenn wir Aspekte betonen wollen, müssen wir Nischen kreieren, in denen sie sich wohl fühlen, und das geht nur über Kultivierung und Begrenzung. Wir können Mulden bauen, in denen sich das Wasser sammeln kann, um in ihrem Umfeld Pflanzen anzulocken. Oder wir können Gedanken immer wieder denken und neu miteinander verknüpfen, um alte Glaubensmuster hinter uns zu lassen. Das ist ein ewiger Balanceakt zwischen Effizienz und Stabilität, Resilienz und Vielfalt. Haben wir zu viel Struktur, nimmt die Lebendigkeit ab; ist das Chaos zu groß, überfordert sich das System selbst und kippt. Es ist niemals gradlinig, dieses Leben. Phasen der Stagnation folgen auf Phasen der Produktivität, und dazwischen liegt Zerstörung, die sich dann doch nur als Phase der Transformation entpuppt.

Überhaupt, hat Simon gesagt, sind die Randzonen und Phasenübergänge die Orte mit der meisten Vielfalt und dem größten Potenzial: Genau wie im Übergang von einer Lebensphase in die andere ist das Leben am Waldrand am intensivsten. Hier trifft das Sonnenlicht der Lichtung auf den Schutz der Bäume. Hier begegnen sich die Feld- und die Waldbewohner, wenn sie von ihren Streifzügen wiederkehren. Hier finden Ideenaustausch und Konkurrenz, Regeneration und Wachstum, Experimente und Anpassung statt. Und zeitlich betrachtet liegen hier die Momente der größten Schwankungen, denn das neue Muster hat sich noch nicht etabliert, während sich das alte schon auflöst. Das Wichtigste ist, Zeit und Ressourcen für Fehler und Rückschläge einzuplanen und bereitzuhalten. »Rückschritte gehören zum Prozess dazu«, wurde mir in der Klinik gesagt, und ich dachte damals, dass in diesen Worten mehr Trost als Wahrheit steckt. Aber scheinbare Rückschritte sind kein Nebeneffekt, sondern das Zentrum der Neuausrichtung. »Was erleben Sie als schlimmer, die

Panikattacken oder die depressiven Phasen?«, hat meine neue Therapeutin mich neulich gefragt, und ich antwortete, ohne lange nachzudenken: »Die Depression. Die Angst hat Höhen und Tiefen, sie lässt immer wieder nach und kann sogar neuen Raum schaffen. Aber die Depression erdrückt mit ihrer Leere alles Lebendige in mir. Sie ist das Fehlen jeglicher Verbindung oder Veränderung.« Es ist besser, die Angst zu akzeptieren, als in Nichtverbindung unterzugehen. Vielleicht brauchen wir nicht nur für uns selbst, sondern auch als Gesellschaft eine neue Fehlerkultur, in der wir Zweifel, Fehlentscheidungen und Schwächen nicht direkt als Versagen verurteilen, sondern als Entwicklungsschritt annehmen. Denn wir befinden uns in einem Phasenübergang. Das kapitalistische, patriarchale und monokausale System verabschiedet sich langsam, und das Neue ist noch zu wenig greifbar. Es ist die Zeit der Ängste, des Wachstums und des Nichtwissens. Und deshalb umso mehr die des Beobachtens, Annehmens und Gestaltens. »Wir haben keine Zeit mehr«, hat Simon gesagt. »Also nehmen wir sie uns.«

Zukunftsmusik

Ich höre gerne zu. Der salzige Wind wispert in den Gräsern neben mir, der Sand knirscht leise unter meinen Füßen. Die Brandung der Wellen vermischt sich mit den gleichmäßigen Zügen meines Atems. Möwen schreien leise, und ihr kehliges Rufen übertönt sogar den Ozean. Das Zusammenspiel aus Wildem und Sanftem, rhythmischem Wellenrauschen und vergänglichen Tierstimmen berührt mich. Ich möchte hier für immer sitzen bleiben, auf die dänische Nordsee schauen und lauschen. Die Schwingungen der mich umgebenden Geräuschkulisse lösen etwas in meinem gesamten Körper aus. Ich werde bewegt.

Nachdem mir erst die ganze Welt offengestanden hatte, ich als Kind durch Länder und Kontinente gereist war und sich meine Wege in der Pubertät dann immer mehr verschlossen hatten, bis ich kaum noch aus meiner Wohnung gehen konnte, bin ich vor ein paar Tagen mit dem Nachtzug von Freiburg nach Dänemark gefahren, um mit einem Teil meiner Familie Sommerurlaub zu machen. Ich bin viel Zug gefahren im letzten Jahr, von Freiburg nach Darmstadt, zu meiner Familie und alten Freunden; nach Greifswald an die Ostsee, wo mein Freund inzwischen studiert; nach Berlin, Italien und ins Allgäu, für meine innere Abenteurerin. Es tut gut, die Veränderungen in der Landschaft Stunde um Stunde beobachten zu können, anstatt aus einem Flugzeug auszusteigen, ohne sich körperlich darauf vorbereiten zu können, in welcher Klimazone man landen wird. Inzwischen fahre ich wieder gerne Zug, und die Ängste melden sich nur zurück, wenn wir Tunnel durchqueren oder die Gänge mal wieder allzu überfüllt sind. Ich mag das Gefühl der Gemeinsamkeit mit den Menschen in meinem Abteil, wenn mich die ältere Dame auf dem Sitzplatz neben mir anlächelt, kreischende Kinder durch den Gang rennen und sich die Gruppe junger Menschen am nächsten Tisch über ihre Leben unterhält. Im Zug kann ich zuhören und beobachten, während draußen ein ganzes Land am Fenster vorbeizieht. Mein roter Reiserucksack ist mein treuer Begleiter, und ich fühle mich ungewohnt sicher, wenn ich alles auf meinem Rücken tragen kann, was ich brauche, wenn er mir als Kopfkissen und Zuhause dient an Orten, die ich nicht kenne. Ich taste mich voran in meinem neuen Leben nach der Klinik, zwei Schritte vor, einen zurück, suchend, was ich behalten und was ich loslassen möchte. Das ist mit Rückschlägen und Widersprüchen verbunden, genauso wie mit Freude und Ausgelassenheit. Es gibt Wochen, da fühle ich mich fast so schlecht wie vor der Klinik, und dann wieder Tage, an denen ich mit meinen Freundinnen an den See fahre, Erdbeeren und Schokolade esse und nackt im kühlen Wasser schwimme. Es ist anstrengend, dieses Auf und Ab. Ich tanze über den sandigen

Pfad, als ich mich auf den Rückweg zum Campingplatz mache.

Mein Vater sitzt an einem kleinen Klapptisch vor unserem alten Wohnmobil und brät Kartoffeln und Zwiebeln an. Im Vergleich zu unseren früheren Reisemobilen ist das hier wirklicher Luxus: Es gibt einen Tisch und einen Herd, kein Wasser tropft durch rostige Decken oder Windschutzscheiben, und die Türen öffnen sich auch nicht einfach, wenn wir gerade auf der Autobahn sind. »Ich werde alt«, scherzt mein Vater, mit einem grinsenden Blick auf sein Wohnmobil, aber ich glaube, sogar meine aktivistischen Eltern suchen inzwischen nach Wegen der Verlangsamung in einer gehetzten Welt. Auch für ethisch unterstützenswerte Ziele lohnt es sich nicht, auszubrennen. Wir scheinen uns in ähnliche Richtungen zu bewegen, die Generation meiner Eltern und meine; in einen Raum, in dem zwar noch wenig greifbar ist, aber die alten Überzeugungen des *Höher-schneller-besser-lauter* und *Hauptsache-immer-weiter* langsam ihre Macht verlieren.

Als ich das Wohnmobil betrete, liegen meine Schwestern auf den samtigen Sitzen und zeichnen in ihren Tagebüchern. Beide sind inzwischen größer als ich. Meine jüngste Schwester ist jetzt so alt wie ich damals, als wir nach Grönland geflogen sind. Ich frage mich, was in ihrem Kopf vorgeht, während sie graue Striche auf das Papier setzt. Sie ist so still wie ich damals. Bin ich ihr denn heute ein besseres Vorbild? Vielleicht. Aber ich weiß nicht, ob es genug ist, um meinen Geschwistern alles sagen zu können, was ich ihnen mitteilen will, davon, dass man dem eigenen

Kopf nicht immer alles glauben darf, dass die Welt nie so verloren ist, wie nächtliche Gedanken es einem einreden, und dass es nichts Inspirierenderes gibt, als sich der Welt so zu zeigen, wie man ist. »Du bist ihr großes Vorbild, weißt du das?«, sagt meine Mutter manchmal zu mir, mit einem Blick auf meine jüngste Schwester, und ich weiß nie, ob mich das traurig oder stolz macht. Die Wege, die ich die letzten Jahre eingeschlagen habe, scheinen mir nicht unbedingt Vorbildcharakter zu haben. Ich versuche, meiner Rolle gerecht zu werden, baue kleine Sätze des Mutes oder der Bestärkung ein, wenn ich mit meinen Schwestern spreche. Zu Weihnachten habe ich ihnen ein feministisches Comic geschenkt. Trotzdem kommt mir das alles lächerlich wenig vor.

»Gleich geht's los!«, ruft mein Vater uns von draußen zu. »Zieht ihr euch schon mal um?« Ich schlängele mich durch den engen Gang zu dem kleinen Bad am Ende des Raumes und schnappe mir die Kleiderbügel, die dort hängen. Ich versuche, mich nicht klein zu machen, sondern meinen Körper zu zeigen und Selbstbewusstsein auszustrahlen, während meine Schwestern und ich unsere Klamotten ausziehen und in die noch feuchten Bikinis schlüpfen. Der schwierige Teil kommt erst danach, als wir uns in die engen Neoprenanzüge quetschen müssen. Wir zerren den festen Stoff über unsere Beine und Hüften, quälen uns in die engen Arme und kichern, während wir uns gegenseitig die Reißverschlüsse zumachen. Sofort wird mir unerträglich warm. Das Neopren umschließt mich wie eine zweite, gummiartige Haut, und ich fange an, zu schwitzen.

»Papa, wir gehen jetzt los, sonst ersticken wir jämmerlich!«, rufe ich ihm zu. Er ist immer noch damit beschäftigt, die Essenstasche zu packen. Meine Schwestern und ich schnappen uns die Surfboards, schlüpfen in unsere Adiletten und machen uns auf den Weg durch die Dünen. Die Sonne neigt sich langsam schon dem Horizont entgegen, und ich sehe, dass die Wellen heute Abend gut sind, groß und gleichmäßig. Der Strand ist fast leer. Ich atme tief ein, nehme die Weite in mich auf und renne mit meinen Schwestern den sandigen Abhang hinunter. Wir schmeißen unsere Handtücher zwischen die Muscheln, befestigen die Schnüre der Bretter an unseren Fußgelenken und stürzen uns in die Wellen.

Hier ist das Wasser nicht mehr leise oder sanft. Die Wellen schlagen mir gegen die Brust und ins Gesicht, beißen in meinen Augen und dröhnen in meinen Ohren. Ich huste Salzwasser und kämpfe mich weiter voran. Festgeklammert an mein Brett schlage ich mit den Beinen, um gegen die Strömung anzugehen, die mich zurück auf den Strand schleudern will. Klatsch, klatsch macht das Wasser an der Unterseite meines Brettes, und ich spüre, wie mein Herz gegen meine Rippen pocht. Meine Schwestern sind dunkle Silhouetten neben mir im Wasser. Und doch bin ich irgendwie allein hier draußen. Ich sehe nichts als Meer und Himmel um mich herum. Der Rhythmus der Wellen erfasst meinen Körper. Meine Gedanken fließen aus mir heraus, bis ich nur noch im Hier und Jetzt bin. Als die nächste große Woge kommt, mache ich mich bereit und werde schließlich im richtigen Moment von der Wucht des Wassers erfasst.

Mein Brett rast den kleinen Wellenkamm hinunter. Ich versuche, mich hinzustellen, doch überschlage mich schnell. Ein paar Sekunden lang schleudern die Wellen mich hin und her und drücken mich unter Wasser. Für einen kurzen Moment weiß ich nicht, wo der Meeresgrund und wo der Himmel ist. Schließlich durchbreche ich die Wasseroberfläche, ringe hustend nach Luft und streiche mir das nasse Haar aus dem Gesicht. Das Neopren umschließt mich wie eine Robbenhaut, und ich friere nicht. Ich liebe das Surfen, auch wenn es mir nie wirklich gelingt. Aber manchmal, wenn ich das Meer lange genug beobachte und meinem Körper genau zuhöre, kann ich für einen kurzen Moment mit der Welt und dem Meer um mich herum verschmelzen. Die Wellen kämpfen dann nicht gegen meinen Körper, sondern tragen mich, und ich fliege über das Wasser, wie ein kleines Mädchen, das von einem Rudel Schlittenhunde über ein vereistes Meer gezogen wird.

Stundenlang sind wir im Wasser, während der Himmel über uns langsam dunkler wird. Danach sitzen wir im Sand, essen kalte Kartoffeln und Rosinenschokolade, und mein Vater sagt nachdenklich: »Surfen ist wie das Leben. Es gibt Phasen, in denen du dich durchkämpfen musst, in denen du unter Wasser gedrückt wirst und die Wellen dich immer wieder zurückwerfen. Aber wenn du dich darauf einlässt, kannst du im richtigen Moment die Welle surfen und die Kraft des ganzen Meeres für dich nutzen.«

»Spar dir deine philosophischen Vorträge«, sagt meine Schwester, und ich muss lachen.

Am nächsten Tag ist das Meer stürmischer. Die Wellen

sind schwer zu lesen; sie rollen in verschiedenen Winkeln an und haben teilweise so viel Kraft, dass sie uns einfach mit sich reißen. Ich werde an der Küste hinuntergetrieben und fluche ununterbrochen, während ich gegen die Strömung anschwimme, doch weder zurück an den Strand noch in tiefere, ruhigere Gewässer komme. Meine Kiefer sind fest aufeinandergepresst, meine Augenbrauen zusammengezogen, mein Atem geht schnell. Ich kämpfe gegen ein ganzes Meer. Irgendwann geht mir die Kraft aus, ich lege meinen Kopf auf das Brett, lasse meine Arme seitlich ins Wasser hängen und schließe die Augen. Ich gebe auf. Wie so oft schon, und wie immer fühlt es sich zuerst so an, als würde ich versagen. Aber während ich auf meinem Surfboard liege, die Anspannung an das Meer übergebe und mich treiben lasse, denke ich: Scheiße, Paula, du denkst immer noch in denselben Mustern wie früher. Warst du nicht schon weiter? Es ist kein Kampf mit dem Meer, sondern das Zusammenwirken von schwieriger Strömung, fehlender Erfahrung und zu wenig Muskelkraft in meinen Armen, die mich hier im Wasser hin und her schleudern. Habe ich nicht erst vor kurzem von Simon gelernt, dass es nichts bringt, verzweifelte Energie an einer Stelle zu investieren, an der das Scheitern vorprogrammiert ist? Ich gebe nicht auf, ich schreie nur einmal kurz vor Wut in die Wellen und warte dann, bis sie mich ganz von selbst auf den Strand spucken. Nach der Leichtigkeit des Wassers fühle ich mich schwer, als ich mein Board unter den Arm klemme und mich auf den Weg zu meinen Schwestern und unseren Handtüchern mache.

Der Vormittag in den Wellen hat meinen Körper aufgeweicht, nicht nur meine ungeschützten Hände und Füße, die von dem Salzwasser ganz schrumpelig sind, sondern auch die ganzen inneren Barrieren und Selbstzweifel, die mich so oft einengen. Ich fange an, zu singen, zum Takt meiner Schritte auf dem feuchten Sand und dem Wispern des Windes in den Dünengräsern. Ich denke nicht nach, ich hänge einfach irgendwelche Strophen aus verschiedenen Liedern aneinander und verbinde sie mit Tönen und Wörtern, die mir in diesem Moment in den Sinn kommen. Meine Schritte werden federnder, mein Frust kleiner. Ich bin hörbar, an diesem Strand, aber nicht am lautesten. Meine Stimme mischt sich mit dem Geräusch des Wassers, das auf den Sand schlägt, mit dem Fiepen kleiner Mäuse in den Dünen und den Schreien einer Gruppe Wildgänse, die über mir davonfliegen.

Als Jugendliche wollte ich lange gar nicht, dass mich jemand hören kann. Ich übte in unserem alten Treppenhaus, über die knarzenden Stufen zu schleichen, ohne dass meine Familie mich bemerkte, konnte als Einzige unser quietschendes Tor öffnen, ohne unseren Hund aufzuschrecken, und schaffte es ganze Tage, in der Schule nichts außer einem leisen Hallo zu meinen Freundinnen zu sagen. »Sprich für die, die keine Stimme haben«, schien das Motto aller Menschen zu sein, die sich in einer ungerechten Welt moralisch verhalten wollten. Aber war die Welt nicht schon laut genug? Lag ich nicht nachts wach vom Autolärm der kilometerweit entfernten Autobahn? Dröhnten nicht die Flugzeuge bis in den tiefsten Wald, schrien sich nicht ohnehin schon alle gegenseitig an, je angespannter die Situationen wurden? Nein, ich wollte still werden, so still, dass ich sogar noch fremde Geräusche absorbieren konnte, um mehr Raum für die zu schaffen, die nicht gehört wurden. Auch Tiere sagen uns, was sie brauchen; wir hören ihnen meistens nur nicht zu. Ich wollte eine Zuhörerin sein, keine Sprecherin. Leise und unsichtbar, und ohne Raum einzunehmen. Als mein Körper sich dann auflöste, weil ich immer kleiner und dünner werden wollte, verlor ich auch meine Stimme. Ich konnte nicht mehr laut sprechen, selbst wenn ich es gewollt hätte. Meine Stimme brach ab, verstummte mitten im Satz, wurde unhörbar und versagte schließlich ganz. Sie klang fremd. Es tat weh, zu sprechen. Und es tat weh, zu existieren. Psyche und Stimme sind sehr eng miteinander verwoben, sagte meine beste Freundin damals, die als Logopädin arbeitet. Meine Stimme verschwand langsam, und mein Körper rief nach Hilfe.

Erst in der Klinik habe ich meine Stimme wiedergefunden. Nachdem ein paar Wochen vergangen waren, schickte mir meine Familie meine Gitarre, ein Instrument, das ich spiele, seitdem ich neun Jahre alt bin. Ich schleppte das große Paket in den Aufzug, fuhr nach oben und stellte die Gitarre mitten in mein Zimmer. Lange betrachtete ich sie einfach nur, versunken in Erinnerungen an Lieder, Menschen und Orte, bis ich sie schließlich in die Hand nahm und mich vor das kleine Fenster setzte. Vorsichtig berührte ich die Saiten. Das rhythmische Zupfen meiner Finger vibrierte durch meinen Körper, die Töne umhüllten die tiefe

Traurigkeit, die darunter lag. Die Wut fand ihren Weg in schnellen Akkorden, die Sehnsucht spielte sich in sanfte Klangfolgen. Dann begann ich zu singen. Ich habe eine sanfte Stimme. Sie entfaltet sich in Übergängen und Pausen, in klaren und leisen Wörtern. Ich hatte mir immer eine andere Stimme gewünscht, eine, die laut und stark ist, die nicht übertönt werden kann, die sich für misshandelte Pferde und übergangene Menschen einsetzt. Oder eben gar keine. Aber jetzt lernte ich, die zu füllen, die ich hatte. Ich schrieb Geschichten über die Welt und meine Familie, die zu Liedern wurden. Ich sang sie dem Wald vor meinem Fenster vor, und mit jedem Tag wurde mein Gesang kräftiger. Meine Stimme auf diese Art zu nutzen half mir, mich mit schwierigen Themen auseinandersetzen zu können und mich dabei trotzdem selbst zu spüren.

Leider kam mit der Gitarre auch das alte Dilemma zurück, dem ich mit der Magersucht so gut hatte entfliehen können: Wer eine Stimme hat, muss sie auch irgendwie nutzen, oder nicht? Ich hatte versucht, mich still und klein zu machen, aber hatte das nicht noch mehr Leid und Sorge in die Welt gebracht, in die Blicke meiner Eltern, die Nachrichten meiner Freundinnen und die stummen Fragen meiner Geschwister? »Ich habe dir Pfannkuchen gemacht, magst du welche?«, hatte mein Bruder mich gefragt, als ich immer weniger aß, und ich konnte ihm nicht einmal antworten vor Stimmlosigkeit. Nichts erklärend flüchtete ich in mein Zimmer und weinte, weil ich alles schlimmer, aber nichts besser machte. Dass ich jetzt wieder singen und sprechen kann, bedeutet doch, dass ich all die Erklärungen,

Antworten und Wutparolen nachholen muss, denen ich mich entzogen hatte, oder? Ich habe meine Stimme wieder, aber ich weiß nicht, wo ich jetzt mit meinem Leben hinsoll, in welche Richtung ich loslaufen, mit welchen Worten ich beginnen muss. Ich lerne, die Welt zu spüren und mich dabei nicht zu verlieren, aber was kommt danach? Was kommt nach der Suche nach der eigenen Stimme?

Wenn ich die Nachrichtenapps auf meinem Handy öffne, schlägt mir laute Härte entgegen, die mich wieder sprachlos macht. Es sind nicht nur die großen Krisen und neuen Kriege, die in ihrer Wucht und Grausamkeit meinen möglichen Sätzen jegliche Relation rauben; es sind auch die kleineren Hiebe und Schläge, die die Menschen untereinander austauschen, bis manche fallen und andere aufschreien. Das hat nichts mehr zu tun mit den Diskussionen, die ich aus meinen Philosophieseminaren kenne und in denen ich mich ja schon kaum traue, den Mund aufzumachen. In den Interviews und Berichten, die ich lese, geht es immer wieder darum, Personen zu degradieren, um ihre Meinungen zu entwerten. Ich schaue mir politische Talkshows an und schaffe es noch nicht einmal im geschützten Raum meines Zimmers, Antworten auf die aufgeworfenen Fragen entwickeln zu können. Mein Körper reagiert ohne meinen Willen auf diese Machtkämpfe, macht sich klein, schwitzt, flüstert, Blackout. Ich habe keine Ahnung von Politik oder Journalismus, und natürlich gibt es Haltungen, die nicht zu Ende ausformuliert werden sollten, aber tut es uns wirklich gut, nicht mehr richtig zuhören zu können? Hat nicht Simon gesagt, dass gerade in den

Umbruchsphasen auch Zweifel und neue Ideen kommuniziert werden müssen, damit das System seine neue Balance findet? Ist nicht das starre Festhalten an alten, sich immer wiederholenden Sätzen von denen, die schon zu lange zu viel Macht haben, genau das, was jegliche Veränderung im Keim erstickt?

Es sind immer Fragen, die sich mir stellen, aber Fragen ohne Antworten scheinen keinen Raum in den Schlagzeilen zu haben. Man muss wissen und um diese Position kämpfen, oder man lässt es ganz. Ich weiß nicht, ob ich im Leben schon oft etwas ganz sicher gewusst habe. Bin ich einfach eine langsame Denkerin? Wenn ich in meinen Seminaren an der Uni dann doch etwas sage, wenn ich mich überwinde und einen zitternden Finger hebe, weiß ich am Anfang meiner Ausführungen oft nicht, wo ich mit ihnen enden werde. Weil sich Argumente anders entwickeln, wenn man sie vor anderen Menschen vorträgt, als wenn man sie im eigenen Kopf durchdenkt. »Ich weiß nicht, ob das verständlich ist«, oder »Jetzt habe ich den Faden verloren«, murmele ich dann errötend, hastig, weil ich mir nicht erlaube, mir die Zeit zu nehmen, dem Denkprozess laut zu folgen und zu vertrauen. Oder ist es die Angst, unterbrochen, gedemütigt oder ausgelacht zu werden? Meine männlichen Kommilitonen scheinen diese Sorgen nicht zu kennen, sie elaborieren und deduzieren, was das Zeug hält. Wenn ich mich noch nicht einmal in einem Uniseminar mit 25 Leuten positionieren und äußern kann, wie soll ich dann darüber nachdenken, mich in irgendeiner Form aktivistisch zu betätigen?

146

Junge Aktivistinnen werden in den Zeitungen besonders oft scharf kritisiert und ungerechtfertigt angegriffen. Luisa Neubauer spricht darüber ganz offen, und ich bewundere sie für ihren Mut. Ich weiß, wie falsch die Vorwürfe der Imperfektion oder Heuchelei sind, dieses *Wie-kannst-du-es-wagen-über-den-Klimawandel-zu-reden-wenn-du-gestern-in-ein-Auto-eingestiegen-bist*, getippt aus dicken SUVs und auf den neuesten Smartphones. Aber wenn ich ehrlich bin, hemmen mich diese Kommentare sehr. Sie schlagen direkt in die Kerbe meines angeschlagenen Selbstbildes und schreien in derselben Stimme, die mich auch in meinem eigenen Kopf nicht in Ruhe lässt. Wie willst du Zweifel an der jetzigen Richtung äußern, wenn du auch nicht weißt, wie die Lösung aussieht? Wie willst du Veränderungen vorschlagen, wenn du immer noch jeden Nachmittag zu deinem Pferd fährst? Wie sollst du Menschen bewegen können, wenn du noch nicht einmal für deine eigenen Schwestern ein gutes Vorbild sein kannst?

Ich lasse mich in den warmen Sand fallen. Das Brett ist schwer, und ich brauche eine Pause. Ich habe zu singen aufgehört, ohne dass ich es bemerkt habe, aber das ist auch kein Wunder. Grübeln und Musik vertragen sich nicht gut. Während ich den Wellen zuschaue, fällt mir das Gedicht ein, das meine jüngste Schwester mir geschrieben hat, als ich in die Klinik gekommen bin.

Hörst du es singen?
Siehst du, wie Wale springen?
Siehst du die Augen blitzen?

Siehst du, wie die Fische flitzen?
Er taucht ab in die Tiefen,
hörst du, wie sie nach ihm riefen?
Siehst du ihn schwimmen,
siehst du den Riesen sich krümmen?
Er singt in tiefen Tönen,
es klingt in allen Höhen.
Er öffnet sein Maul und taucht ab in die Tiefen.
Hörst du, wie sie nach ihm riefen?

Wie recht sie hat, und wie blind und taub ich oft bin. Ich höre, wie sie ihn rufen, sehe es blitzen und springen. Ich verstehe erst durch die Worte meiner kleinen Schwester, wie das Leben mich ruft. Und dass wir auch den leisen, jungen und unerfahrenen Stimmen zuhören müssen, weil gerade diese Perspektiven oft so klar sein können. Manchmal ist das Zuhören der beste Schritt, um die eigene Stimme zu finden. Wir müssen nicht nur auf die Wissenschaft hören, im Alltag und in der Politik, jetzt sofort! Wir müssen auch den vielen leisen Stimmen um uns herum zuhören, die uns sagen, was diese Welt braucht. Den Wesen, die uns nahe- und zu denen wir in Verbindung stehen. Den Menschen, die viel länger und näher am Land leben als wir und die unter den klimatischen Krisen als Erstes leiden. Den Rhythmen, die uns die Welt vorgibt, nicht die Wirtschaft. Dem Leben, das uns immer wieder ruft.

Lange Zeit konnte ich das nicht wahrnehmen. Nachdem ich als Teenagerin in ein Land voller Eis und Verzweiflung gereist war, war die Welt für mich verstummt.

Sie hatte keinen Rhythmus und keinen Klang mehr, keine Zeit und keine Gefühle. Das Leben in ihr war eine Aneinanderreihung endloser Tage, die wie Schneeflocken auf warmen Asphalt fielen. Weil wir sie ohnehin bald verlieren würden, hörte ich keine Vögel und Bienen mehr durch die Luft fliegen. Weil sie ohnehin bald aussterben würden, vernahm ich aus den Meeren und Wäldern keine Walgesänge oder Wolfsrufe mehr. Weil sie ohnehin die Augen vor der Realität verschlossen, konnte ich keinen Menschen mehr zuhören. Ich wollte selber schreien, aber ich konnte nicht. Ich wollte die richtigen Worte finden, aber da waren keine. Meine Art und Weise, mir die Welt zu erzählen, endete genauso wie die Geschichten der Gesellschaft, in der ich aufwuchs. Das System überwältigte die Individuen. Die Individuen sprachen nur noch mit sich selbst. Es gab nichts mehr zu sagen. Der Mensch versagte. Dem Menschen versagte die Stimme.

Ich dachte lange, aktivistisch zu handeln bedeutet, eine laute Stimme zu haben, die für die Schwachen spricht. Die sich Gehör verschafft, klar und deutlich ist und sich über das stetige Murmeln anderer Menschen erhebt. Aber inzwischen bin ich überzeugt davon, dass Aktivismus in dem Moment beginnt, in dem man sich der Sprachlosigkeit entzieht, die mit Angst, Gewalt und Scham einhergeht. In dem Moment, in dem man sich aufmacht, die eigene Stimme auszufüllen, egal in welcher Lautstärke, welchem Takt oder welcher Tonlage. Den einzigartigen Klang zu finden, den man ganz allein mitbringt und so zur Gesamtmelodie beiträgt. Sich selbst zu spüren und trotzdem in

Resonanz mit dem zu bleiben, was einen umgibt. Freude und Trauer und alles andere zu fühlen und auszudrücken, auf diese ganz eigenen Arten und Weisen. Aktivismus beginnt in dem Moment, in dem man zuhört, fragt, zweifelt und in Verbindung tritt. Und nicht nur aus Druck reagiert, sondern durch Ausdruck gestaltet; nicht nur mehr schlecht als recht reagiert auf eine sich erwärmende Welt, sondern sich gemeinsam fragt, wie wir eigentlich leben wollen.

Wir verändern bereits die Welt, wenn wir aus den eigenen destruktiven Gedankenmustern ausbrechen, innehalten und wirklich zuhören. Uns auf das einlassen, was aus diesem Zuhören und der Verbindung, die wir dabei eingehen, entsteht. Ich kann nicht das perfekte Vorbild für meine Schwestern sein, denn ich lerne genauso viel von ihnen wie sie von mir. Und überhaupt: Werden wir nicht von so vielen verschiedenen Menschen auf so unterschiedliche Weisen inspiriert? Ich kann Spöng nicht beherrschen, wenn ich eine lebendige Beziehung zu ihr haben möchte, denn wie soll ein Gespräch stattfinden, wenn immer nur ich reden darf? Und ich muss keine laute oder sichere Stimme haben, um mich äußern zu dürfen; denn ist nicht gerade die Vielfalt an Klängen, Meinungen und Stimmen genau das, was unsere Gesellschaft so lebendig macht? Ist es nicht diese Komplexität, die dem System ermöglicht, sich an neue Rahmenbedingungen anzupassen und zu verändern? Ist nicht gerade das unsere menschliche Stärke?

Als in der Nordsee vor mir eine Robbe auftaucht, denke ich zuerst, sie sei ein Stück Treibholz. Aber ich habe die Umrisse und das unregelmäßige Auf- und Abtauchen ihrer

Art schon sehr oft genau beobachtet, damals zwischen den riesigen Eisbergen. Ich folge dem dunklen Punkt im Wasser vor mir lange mit den Augen. Die vertrauten Bewegungen in den Wellen lassen mich in der Zeit zurückkreisen, zu einem Mädchen mit langen braunen Haaren und einer dicken Daunenjacke, das die Berge singen hörte und mit dem Eis sprach. Ich weiß nicht, ob ich heute Antworten geben könnte auf die Fragen, die mich damals vereinsamen ließen. Ich habe weder all die Gründe noch all die Lösungen gefunden, die ich damals so verzweifelt gesucht habe. Aber nachdem mir die Fremde der Pubertät und die Taubheit der Depression meinen Körper genommen hatten, hat etwas in mir nach langen Jahren der Lähmung wieder zu schwingen begonnen. Und vielleicht ist das alles, was wir haben. Wie wir uns als Menschen sehen, wie wir mit dem Verlust von Welt umgehen können und uns aus Angst und Trauer nicht in Höhlen der Gegenwart verstecken, das ist nicht in Modellen oder Statistiken auszudrücken. Die Zukunft liegt jenseits des Wissbaren. Das machte mir lange Angst, aber inzwischen erfüllt es mich mit Zuversicht. Ich werde leben und sterben in einer Welt, die ich liebe, und ich werde in dieser kurzen Zeitspanne alles tun, was ich kann, um diesen Planeten als Lebensort zu erhalten. Ich werde schreiben und singen und fragen und gärtnern, denn das sind meine Wege: kleine Pfade, die sich mit unzähligen anderer kreuzen, die von Füßen, Hufen und Pfoten ausgetreten wurden und an deren Rändern die unterschiedlichsten Pflanzen wachsen. Aktivismus kann nur im eigenen Leben stattfinden, und am wirksamsten sind wir dort, wo wir unsere Stärken ausleben und unseren Schwächen begegnen können.

Die Fragen und Zweifel bleiben, denn sie gehören zu mir dazu. Ich fange an, Geschichten und Gedanken aufzuschreiben, auch wenn ein Teil von mir jeden Satz für wertlos und jede Idee für zu naiv hält. Darf ich über die Klimakrise schreiben, wenn ich in den letzten Jahren so sehr mit mir und so wenig mit Aktivismus beschäftigt war? Will ich es wagen, mich zu zeigen, wenn ich mich bis vor kurzem noch nicht einmal selbst im Spiegel betrachten konnte? Dabei weiß ich inzwischen doch eigentlich auch, wie wichtig es ist, unterschiedliche Geschichten und Sichten zu hören, zusammen ins Fühlen und Träumen zu kommen und Gemeinsamkeit zu finden. Manchmal muss man auch lernen, wann man besser nicht zu sehr zuhören sollte, zum Beispiel den eigenen Gedanken.

Zu Beginn schreibe ich nur für mich, aber dann fragt mich FuturZwei, ob sie einen Text von mir in einem Buch abdrucken dürfen. Und ob ich das, was ich geschrieben habe, bei einer Veranstaltung in Berlin vorlesen möchte. Ich sage ja, zitternd, denn wenn man die eigene Stimme sucht, muss man mutig sein, oder? Ich habe keine Geschichten des Gelingens, keine begeisternden Ideen, nur meine Fragen und Gedanken. Meine Stimme bricht ein paar Mal, als ich auf der kleinen Bühne sitze und meinen Text über das Aufgeben vorlese. Anders als viele der Menschen, die mir zuhören, kann ich keine großen Erfolge in der transformativen Szene aufweisen, ich habe nichts gegründet, nichts entdeckt und das Stipendium nie bekommen. Aber nachdem ich von der Bühne geklettert bin, mich in einer Ecke auf der Bank verstecke und den nächsten Lesenden zuhöre, kommen ein paar der Menschen zu mir, schauen in meine Augen, berühren meinen Arm und sagen danke. Ich spüre Verbindungen, und sie lösen meine Angst nicht auf, aber tragen sie ein kleines Stück, und das ist in diesem Moment genug. Auf der Bühne wird jetzt Musik gemacht, wir stehen auf und tanzen zaghaft, manche jubeln, und auch das ist magisch. So viele eigene Wege, und so viel Klang.

Wenn viele unterschiedliche Stimmen zusammenkommen, wenn sie sich ergänzen, inspirieren und reflektieren, dann ist das Zukunftsmusik, denke ich. Und ist nicht alles, was wir haben und was über das Jetzt hinausgeht, Zukunftsmusik? Die Zukunft ist nichts, was durch einfache Antworten oder engstirniges Festhalten gestaltet werden kann. Das ist schwer für eine Gesellschaft, die nur auf Wissen vertraut – und gut für eine Welt, die auf so vielen Ebenen flüstert, schreit und singt. Wer die Zukunft gestalten will, muss den Moment sehen und hören; muss sich selbst und das Leben um sich herum spüren; muss zuhören und ausdrücken. Wir können auf alte Melodien vertrauen, fremde Sprachen und andere Arten miteinbeziehen, neue Lieder komponieren und die richtigen Rhythmen finden. In der Zukunftsmusik können wir gemeinsam eine neue Tonart finden, wie wir uns als Menschen in dieser Welt erzählen wollen. In der alle Stimmen gehört statt schwache unterdrückt werden, die auf Resonanz statt auf Ausbeutung beruht, nach Emergenz und nicht nach Konkurrenz strebt. Zukunftsmusik heißt, die pure Schönheit dieser Welt genauso wie die Trauer um jeden einzelnen Verlust zu spüren. Das ganze Lied genauso wie die eigene Stimme darin zu hören. Zu denken, zu fühlen, zu handeln und zu sein. Anzunehmen. Zurückzugeben. Zu singen. Und zu tanzen. Zur Zukunft.

Danksagung

Es ist schwierig, hier an alle Fäden anzuknüpfen, die mein Schreiben und dieses Buch auf so vielen Ebenen durchziehen. Ohne meine Lektorin Melanie Baumann, die nicht nur die roten Fäden in diesem Buch so geduldig mit mir entwirrt und meine Sätze stärker gemacht hat, sondern auch an dieses Buch geglaubt hat, als ich selbst nicht davon zu träumen gewagt habe, hätte ich meine Stimme auf diese Art nicht finden können. Danke, Melanie! Mein Dank geht auch an die Menschen hinter FuturZwei, die meinen Gedanken von Anfang an Gehör geschenkt haben und nicht nur im Großen, sondern auch im Kleinen Utopien verwirklichen, und an das Team im Fischer Verlag, das meine Worte zu einem Buch gemacht hat.

Ich danke meinen Eltern für ihren Mut, für ihre großen Träume in allen Zeiten und dafür, dass sie mich zu einer Abenteurerin großgezogen haben; ich würde nicht hier sitzen und schreiben, wenn ich nicht eure Tochter wäre, und ich bin so dankbar dafür! Ich danke meinen drei Geschwistern dafür, dass sie mir gezeigt haben, wer ich sein möchte, und dass sie mein Leben seit vielen Jahren mit so viel Stolz,

Gelächter und Leben füllen. Ich danke meiner ganzen verrückten und wundervollen Großfamilie, fürs Dasein, für Lieblingsessen und Geburtstagslieder, fürs Streiten und Vertragen, für die Verwurzelung und das Loslassen.

Danke an Noah, der nicht nur in meinen schwersten, sondern auch in den schönsten Zeiten immer an meiner Seite steht – du hast mir gezeigt, was ich alles sein kann, wie ich lieben möchte und dass man nie genug Kartoffeln essen kann. Jette, Ela, Jana und Carla: Ihr seid die bunten Drachen an meinem Himmel und die Sonnenblumen in meinem Garten, und meine Welt wäre so einsam ohne euch. Besonderer Dank geht auch an Spöng und Millie, die mich an unzähligen und oft verzweifelten Schreibtagen mit so viel Fell, Weisheit und Witz immer wieder ins Hier und Jetzt geholt haben. Ich danke Nico, der Stärke in meiner Musik gehört hat, als ich mich nur noch verstecken wollte, dem Gezeitenhaus, das mich wieder ins Fließen gebracht hat, und meinen Therapeut*innen, dank denen ich wieder fühlen und am Leben teilnehmen kann. Auch Christiane und Dietmar und meiner Freiraum-Gruppe möchte ich dafür danken, dass sie mich gesehen und darin bestärkt haben, meinen Weg zu gehen. Und ich möchte mich bei Robert Peroni, Orpa, Angiuk, Odin, Rasmus, Paula, Oderika und all den anderen Menschen bedanken, denen ich in Grönland begegnen durfte und die mich so viel über Freundschaft, Kälte und Menschsein gelehrt haben.

Ich bedanke mich bei allen Menschen in dieser Welt, die sich im Lauten und Leisen dafür einsetzen, dass wir in einer gerechten, solidarischen und nachhaltigen Gesellschaft im Einklang mit unserer Umwelt und anderen Arten leben können. Euer Mut, eure Sanftheit und eure Verbundenheit inspirieren mich jeden Tag. DANKE

Literaturliste

Zum Nachschlagen und Weiterlesen

Diamond, Jared: *Kollaps. Warum Gesellschaften überleben oder untergehen*, Frankfurt am Main 2005.

Dohm, Lea u. Schulze, Mareike: *Klimagefühle. Wie wir an der Klimakrise wachsen, statt an ihr zu verzweifeln*, München 2022.

Emcke, Carolin: *Gegen den Hass*, Frankfurt am Main 2016.

Gaarder, Jostein: *2084. Noras Welt*, München 2013.

Giesecke, Dana u. Welzer, Harald: *Zu spät für Pessimismus. Das FUTURZWEI-Anti-Frust-Buch für alle, die etwas bewegen wollen*, Frankfurt am Main 2022.

Han, Byung-Chul: *Müdigkeitsgesellschaft*, Berlin 2010.

Henfrey, Thomas u. Penha-Lopes, Gil: *Permakultur und Klimawandelanpassung. Inspirierende ökologische, soziale, wirtschaftliche und kulturelle Lösungen für Resilienz und Transformation*, Kevelaer 2019.

Mollison, Bill: *Permakultur konkret. Entwürfe für eine ökologische Zukunft*, Darmstadt 2009.

Neubauer, Luisa u. Reemtsma, Dagmar: *Gegen die Ohnmacht. Meine Großmutter, die Politik und ich*, Stuttgart 2022.

Peroni, Robert: *Kälte, Wind und Freiheit. Wie die Inuit mich den Sinn des Lebens lehrten*, München 2014.

Schultz, Nikolaj: *Landkrank*, Berlin 2024.

Steingässer, Jana u. Jens: *Die Welt von Morgen. Eine Familie auf den Spuren des Klimawandels*, Hamburg 2016.

Strömquist, Liv: *Der Ursprung der Welt*, Berlin 2017.

von Redecker, Eva: *Revolution für das Leben. Philosophie der neuen Protestformen*, Frankfurt am Main 2020.

von Redecker, Eva: *Bleibefreiheit*, Frankfurt am Main 2023.

Welzer, Harald: *Selbst denken. Eine Anleitung zum Widerstand*, Frankfurt am Main 2013.

Welzer, Harald: *Nachruf auf mich selbst. Die Kultur des Aufhörens*, Frankfurt am Main 2021.